莫萨营销沟通情景对话系列

销售人员超级口才训练
（实战升级版）

王　宏　编著

人 民 邮 电 出 版 社
北　京

图书在版编目（CIP）数据

销售人员超级口才训练：实战升级版 / 王宏编著
. -- 2版. -- 北京：人民邮电出版社，2019.1（2023.6重印）
（莫萨营销沟通情景对话系列）
ISBN 978-7-115-49934-9

Ⅰ. ①销… Ⅱ. ①王… Ⅲ. ①销售－口才学 Ⅳ.
①F713.3②H019

中国版本图书馆CIP数据核字(2018)第245190号

内 容 提 要

好口才才能有效说服客户，好口才才能带来好业绩。具备有效的沟通技能和良好的口才，对销售人员来说尤为重要。

本书细化了销售过程的各个环节，并针对各个环节给出了实战情景对话，指出了销售人员在与客户沟通中需要用到的技巧，是一本关于如何进行销售沟通的实务工具书。

本书在对销售沟通的基本要素进行阐述之后，详细说明了销售过程中的开发客户、预约客户、拜访客户、接近客户、介绍产品与报价、处理客户异议、成交、收取货款、售后服务等各个环节需要用到的沟通技巧，情景对话与技巧说明相结合，寓理于景，有助于销售人员快速有效地提升沟通能力。

本书适合销售一线的各类销售人员、销售管理者、培训师等使用。

◆ 编　　著　王　宏
责任编辑　庞卫军
责任印制　焦志炜

◆ 人民邮电出版社出版发行　　北京市丰台区成寿寺路 11 号
邮编　100164　　电子邮件　315@ptpress.com.cn
网址　http://www.ptpress.com.cn
北京七彩京通数码快印有限公司印刷

◆ 开本：700×1000　1/16
印张：15.5　　2019 年 1 月第 2 版
字数：200 千字　　2023 年 6 月北京第 10 次印刷

定价：59.00 元

读者服务热线：(010) 81055656　印装质量热线：(010) 81055316
反盗版热线：(010) 81055315
广告经营许可证：京东市监广登字 20170147 号

前 言

销售的重要环节就是沟通，甚至从某种意义上讲，销售就是沟通。为了全景呈现沟通的过程，**我们精选了213段沟通对话实例**，希望以此来加强销售人员的沟通能力。

如果你不知道该如何和客户说，本书为你提供了参照；如果你不知道如何说会更好，本书为你提供了示范；如果你想知道优秀的销售人员如何与客户沟通，本书为你提供了答案；如果你不知道销售中某些特殊场景和问题该如何处理，本书为你全景展现了棘手问题的沟通方法。

每个人都会沟通，但不一定会有效沟通。**有效沟通**是一种技能，对于营销人员来说，有效沟通尤为重要。

每一位优秀的销售人员都是沟通的高手。他们**善于把握情境**，也善于应用沟通技能，因此，他们总能有**好的业绩**。每一个想拥有好业绩的销售人员，**首先要从提升沟通技能开始**。没有良好的与客户**沟通的技能**，就不可能有好的业绩。

本书精选的213段沟通对话实例涵盖了销售的各个环节，为销售人员全程演绎了**销售的整个过程**，再现了优秀销售人员与顾客在不同环节和场景中**沟通的话语**，是销售人员全面学习沟通技能的经典教材和案例集锦。

本书的内容体系分为三大部分。

首先，心态决定一切，所以销售人员首先应该有积极的心态。我们给出了**六种销售人员应该有的阳光心态**。

其次，我们概括了沟通中应该掌握的一些**基本技能和技巧**。

最后，我们按照**销售的流程**，详细阐述了销售过程中的**开发客户、预约客户、拜访客户、接近客户、介绍产品与报价、处理客户异议、成交、收取货款、售后服务**等各个环节需要用到的客户沟通技巧，**情景对话与技巧说明相结合**，寓理于景，**全程模拟了**销售各个环节的**沟通情景**，为提升销售人员的沟通能力提供了生动的案例。

值得注意的是，我们提供的销售场景和呈现的具体问题**有的可以直接运用于销售过程中，有的则需要根据现场实际情况变通使用，切不可生搬硬套**。

目录
Contents

■第 1 章　销售从沟通开始 …… 001

第 1 节　成功销售的必备心态 …… 003

1.雄心 …… 003

2.信心 …… 004

3.诚心 …… 005

4.专心 …… 006

5.爱心 …… 007

6.耐心 …… 008

第 2 节　成功销售的沟通技巧 …… 009

1.掌握主动 …… 009

2.善于倾听 …… 015

3.及时提问 …… 020

4.多用赞美 …… 025

5.为客户着想 …… 028

第 3 节　掌握客户的购买心理 …… 031

1.客户购买的三个阶段 …… 031

2.客户做出购买决策的心理过程 …… 034

第 4 节　应对不同类型的客户 …… 036

■第 2 章　开发客户 …… 043

第 1 节　寻找潜在客户 …… 045

1.通过人脉找客户 …… 045

2.主动结识准客户 …… 048

3.其他开发客户方式 …… 051

第 2 节　寻找客户关键人 …… 053

1.用第三方 …… 053
2.巧妙问询 …… 055
第3节 攻破秘书的防线 …… 057
1.巧妙应付秘书的托词 …… 058
2.巧妙应对秘书的反对 …… 060
■第3章 预约客户 …… 063
第1节 预约拜访准备 …… 065
1.确定拜访时间 …… 065
2.确定见面地点 …… 067
3.确定拜访事项 …… 070
第2节 应对客户的拒绝约见 …… 075
1.开门见山,吸引对方注意 …… 075
2.虚拟场景,引导需求 …… 077
3.不管怎样,先见个面 …… 078
■第4章 拜访客户 …… 085
第1节 见面寒暄 …… 087
1.问候式 …… 087
2.谈论式 …… 088
3.夸赞式 …… 090
4.即兴式 …… 091
第2节 精彩开场白 …… 092
1.满足对方的自尊心 …… 092
2.利益诱惑 …… 095
3.提供信息 …… 097
4.与众不同 …… 098
5.其他方式 …… 101
第3节 正式面谈 …… 103
1.探询各类客户信息 …… 103
2.应对客户询问 …… 106
3.消除客户心中的疑虑 …… 109
■第5章 接近客户 …… 113
第1节 赢得客户好感 …… 115

1.关注客户细节 …… 115
2.真诚提供帮助 …… 116
3.重视客户周围的人 …… 119
第2节 建立私人友谊 …… 121
1.了解客户私人信息 …… 121
2.业务之外的往来 …… 123
3.赠送适当的礼物 …… 124
■第6章 推介产品 …… 127
第1节 介绍产品 …… 129
1.遵循产品介绍过程 …… 129
2.掌握产品介绍技巧 …… 134
第2节 正确报价 …… 141
1.报价准备 …… 142
2.报价策略 …… 147
■第7章 处理异议 …… 151
第1节 正确处理客户异议 …… 153
1.处理客户异议的技巧 …… 153
2.处理客户异议的方法 …… 157
第2节 常见的客户异议处理 …… 162
1.支付异议 …… 162
2.价格异议 …… 164
3.需求异议 …… 169
4.自身原因的异议 …… 172
5.对销售方的异议 …… 176
■第8章 适时成交 …… 179
第1节 促成交易 …… 181
1.引导客户 …… 181
2.成交技巧 …… 185
3.成交方法 …… 190
第2节 成功签约 …… 201
1.明确签约流程 …… 201

2.与客户告别 …… 204
■第 9 章　收取货款 …… 207
第 1 节　正常结款 …… 209
1.告知结款政策 …… 209
2.确认款项到账 …… 210
第 2 节　催收货款 …… 212
1.掌握催账策略 …… 212
2.常见问题应对 …… 217
■第 10 章　售后服务 …… 225
第 1 节　适时回访客户 …… 227
1.增进感情 …… 227
2.其他情况回访 …… 230
第 2 节　应对客户的咨询、投诉和抱怨 …… 231
1.解决客户问题 …… 231
2.应对客户抱怨 …… 234
3.处理客户投诉 …… 237

Chapter 1

第 1 章

销售从沟通开始

销售就是把能满足客户需求的产品卖给客户的过程。那么如何让客户买得明白、买得放心、买得满意、买得舒服、买得有价值呢？这就需要销售人员在销售过程中与客户进行充分的沟通，了解客户的真实需要。因此，若想销售成功，沟通是第一位的。当然，一个成功的销售人员要在销售中做到有效沟通，还需要具备一些基本素质，掌握一些技巧及知识。

第 1 节　成功销售的必备心态

可以说，心态的好坏直接决定着销售人员事业的高度和广度。在销售过程中，销售人员往往会遇到各种问题、各种困难及各类性格的客户，而销售就是一个解决问题，克服困难，应对不同的客户，引导客户购买，进而达到“销售”目的的过程。如果没有健康、积极的心态，销售人员就可能在困难面前退缩，甚至被困难吓倒，难以登上销售的成功之巅，或只能做一个业绩平庸的销售人员。

要想成功销售，销售人员应该具备想当将军的雄心、战胜一切的信心、真诚待客的诚心、专注一事的专心、乐于助人的爱心和持之以恒的耐心。

1. 雄心

有志者事竟成。销售人员既然选择了“销售”这一富有挑战性的工作，就要不断努力，立志将其做好，以成就自己的事业。正所谓“不想当将军的士兵不是好士兵”，同理，一名不想做销售冠军的销售人员也不是合格的销售人员。

有一位名叫蒙提的小男孩，在他上初中时，老师要求全班同学写一篇题目为“长大后的志愿”的作文。他洋洋洒洒用了七页纸描述了自己的伟大志愿。他说想拥有一座属于自己的牧马农场，并且仔细画了一张 200 亩农场的设计图，上面标有马厩、跑道等位置，在这一大片农场中央，还有一幢占地 4 000 平方米的豪宅。

作文交给老师两天后，他拿回了作文，第一页上打了一个又红又大的“F”（不及格），旁边还有一行字：“放学后来见我！”

放学后，蒙提来到办公室，老师说：“你小小年纪，不要做白日梦，你没钱、没家庭背景，什么都没有。盖座农场可是个花钱的大工程，你要花钱买地，花钱买纯种马匹，花钱照顾它们，你别太好高骛远了！”老师又说，“如果你肯重写一个不太离谱的志愿，我会重打你的分数。”

蒙提回到家后反复思量老师的话并征询父亲的意见。父亲只告诉他：“儿子，这是非常重要的决定，你必须自己拿主意。”

经过再三考虑后，蒙提决定交回原稿，一个字都不改。他告诉老师：“即使不及格，我也不愿放弃梦想。”

20年后，蒙提终于建起了占地200亩的农场，并在农场中央建造了占地4 000平方米的豪华住宅。一年夏天，那位老师带领学生来到蒙提的农场露营一星期。离开之前，老师对蒙提说：“说来真是惭愧。我曾经给你泼过冷水，幸亏你有毅力坚持自己的志向。”

沟通技巧

★雄心就是要有远大志向，要设定远大目标，有雄心，也就有了人生努力的方向。

★雄心不是白日梦，应从实际出发树立志向。志向一旦确定就要坚持，不要因为别人的一句话而放弃，要立即开始行动，并勇往直前。

★在成功的路上，要不断进取，只有将目光盯在远处，方能取得更大的成绩。

2. 信心

有些销售人员，尤其是刚刚入行的新手，都或多或少会有害羞心理，缺乏自信，生怕说错话被客户笑话。其实，销售人员只有充满自信才能给自己带来力量，才能博得客户的信赖，销售才能成功。

世界级销售大师原一平在刚刚进入保险行业的时候，由于身材又矮又胖受到了同行的嘲笑。他们说：“小子，你这个月能拿到规定保单数的1/3就算你厉害了。”原一平非常自信地说：“我不仅能拿到规定的保单数，还能超出你们所有人。”之后他开始对着镜子练习微笑，他对比各种微笑，让朋友来评价哪种微笑给人的感觉最自信，然后他就带着这种微笑上街和每一个经过身边的人打招呼，终于有一个财团的总裁注意到了街上这个奇怪而自信的年轻人，他主动邀请原一平来自己家做客，最后成了原一平职业生涯中的第一个大客户。凭借这个人的帮助原一平当月就成为公司的销售冠军。在别人问他成功的秘诀时，他笑着说：“我没有秘诀，我只不过有信心罢了。”

沟通技巧

★自卑是销售过程中的最大敌人，销售人员要相信自己是有用之才，树立必胜信心。

★信心源自能力，销售人员应涉猎各方面知识，及早掌握销售技巧；信心源自专业，销售人员要了解行业、企业及产品等各方面知识，成为客户的专业顾问。

★相信自己，不要在与别人的对比中找理由否定自己。要自己和自己比，每一个小的进步或成功，都会给自己带来更大的信心。

3. 诚心

诚信是销售的灵魂，销售人员在卖出东西的同时也卖出了自己的信誉。销售人员要用一颗真诚的心对待客户，多为客户着想；应以诚信的形象示人，这样销售成功的概率才更大，切不可为了一些小利小惠而放弃好不容易建立起来的诚信形象。

从前有位叫王明的年轻人，在集市上开了一家小酒馆，取名为“实惠酒家”。

开始的时候，酒馆的东西卖得确实很实惠，大大的碗，又香又醇的米酒，而且价钱很便宜，无论是过路的生意人，还是来赶集的老百姓都愿意到酒馆里坐一坐，喝一碗米酒。每天从早到晚，客人总是爆满，有时候，不到天黑，酒就卖完了。

王明看在眼里，乐在心里。可是他进酒的手工作坊，每天就只能酿那么多酒，没办法扩大规模。于是王明就动了心眼，他把大碗变成小碗，但价钱还是大碗的价钱。王明对客人说：“这是新配方，酒里加了名贵的中草药，喝了可以治病的。”客人们都是老主顾，不但相信王明说的话，而且还大力宣传，结果客人不但没少，反而比以前更多了，一连几天酒都不够卖，王明又多赚了不少钱。

尝到了甜头以后，王明又想出一个主意——往酒里加水，开始的时候加得少，客人觉察不出，后来他胆子越来越大，水越加越多，客人的抱怨也多了起来。

几天过后，客人大幅减少，王明不得不降价促销，生意却没什么起色，客人越来越少。再后来，伙计们在门前叫卖吆喝，甚至到店外生拉硬拽，客人也不进店里来了。

沟通技巧

★以诚为本，有本才有源，有源才有流，只有拥有了诚心才能逐渐聚集人脉。

★以诚待人，真心才能打动客户；在客户面前，销售人员一定要言出必行、有诺必践，否则就会失去客户的信任。

★多为客户着想，为客户提供周到细致的服务，赢得客户的心。

★在客户抱怨时，应正视自己的不足，与客户充分沟通，化客户抱怨为进一步的信任。

4. 专心

全球知名影星、以光头造型与敬业精神著称的影帝尤勃连纳，在其演艺生涯中，一直主演《国王与我》这出戏。这出戏从上演那年开始，一直演到他去世的那年为止，长达34年之久。据统计，尤勃连纳前前后后一共演出了4 525场之多，也就是说，平均每三天就演一场。因为他对演戏抱着无比的热忱，所以乐此不疲；因为他的专注，所以一路走来始终如一；因为他能持续练习，不断改进，才能创造出如此不平凡的成绩。

世上无难事，只怕有心人。一个人只有专注于自己所做的事情，对自己的工作感兴趣，才能领先于人，做出成绩。“三天打鱼两天晒网”“这山望着那山高”的做事态度，最终肯定一事无成。

《韩非子·喻老》中记载了赵襄王学驾车的故事，讲的是赵襄王向王子期学习驾车的本领，他学了不久便与王子期比赛，不料换了三次马，都落在王子期后面。赵襄王不高兴，对王子期说：“你教我驾车，没有把本领全教给我。”王子期回答：“技术已经毫无保留地全教给您了，只是您运用有偏差。驾车最关键的是专心致志地调理马匹，使马在车辕里舒适，人的心思要跟马的动作协调，这样才可以加速前进。而您驾车时，落后了就急切地想追上我，领先了又唯恐被我追上。本来比赛就有先后之分，而您争先恐后，把注意力全放在我的身上，哪还有心思驾驭车马呢？这才是您落后的原因。”

把精力集中在自己正在做的事情上，是顺利实现目标所必需的态度，做销售也是一样。销售人员一定要专注于自己的产品和服务，专注于自己的企业，充分了解企业和产品的相关知识，只有这样才能让客户更好地了解产品、认同产品，进而购买产品。

沟通技巧

★专注于自己的事业，充满兴趣，乐此不疲。

★专注于企业，专注于产品知识，以赢得客户的信赖。

★专心倾听客户的声音，洞悉客户的真实需求，更好地服务于客户，满足其需求。

5. 爱心

富有爱心能让自己快乐，富有爱心的人大多愿意帮助别人。作为销售人员，更要从内心深处关爱客户，从客户的角度考虑问题，以解决客户的问题，满足客户的需求，同客户一起分享你的产品或服务。世界大师级的销售人员乔·吉拉德就是凭借这种爱心保持着良好的心理状态和良好的销售业绩。

连续下了几天的雨，河边的沙地上积了不少水洼，有些鱼就游到了水洼里。天晴了，鱼因为水位下降无法回到河里。水洼里的水越来越少，不久就要干涸了，一个小男孩路过这里看到这种情况，他抓起水洼里的小鱼一条一条往河里扔，过路的人都笑话他说："做这样的事又没有人给你工钱，你这样做谁会在意呢？"小男孩头也不回地说道："这条小鱼在意，这条也在意……"

这个小孩儿就是后来连续 12 年平均每天销售 6 辆汽车的著名销售大师乔·吉拉德。

乔·吉拉德一直保持着这种爱心，并独创了一种有节奏、有频率的"持续关心别人"促销方法。他每年大约要寄出 12 封广告信函给每一位他认识的人——他认为所有他认识的人都是其潜在客户。这些信函，每次均以不同的色彩及形式投递，信封上也很少出现与汽车行业相关的名称。

1 月份，他寄出一封带有精美的喜庆气氛图案，同时配有"新年快乐"四个大字的信函，下面只简单署名"雪佛兰汽车，乔·吉拉德敬上"。

2 月份，信函上写的是："祝您享受快乐的情人节！"下面仍是简短的签名。

……

就这样，乔·吉拉德的名字每年 12 次出现在这些潜在客户眼前。没有一张信函上写着："您买我的汽车吧！"就是这几张印刷品，传递了乔·吉拉德的关心、问候，给客户留下了最深刻的、最美好的印象，等到他们打算买汽车时，怎能不第一个想到乔·吉拉德呢？

沟通技巧

★发自内心地去关心你的客户，帮助你的客户，你会得到越来越多的支持。

★今天有爱心，明天就有客户，客户需要长期培养。

★你的爱心要让客户感知到。

6. 耐心

欲速则不达。销售人员每天要面对各类客户，都希望这些客户能够接受自己的产品或服务，然而事实远非如此，拒绝、抱怨等是常有的事。因此，销售人员要树立良好的心态，要明白客户接受你、认可你需要一个过程，而且他们也不是时时都有需求，所以销售人员应耐心对待客户，坚信你能给客户带来利益且他们终有一天会与你合作，而不是总想着今天播种，明天就收获。

古时候，子夏被派到莒父任地方官，临行前向孔子请教。孔子对子夏说："你到了莒父后会面临很多事情，你做事要有耐心，不要单纯追求速度，不要贪图小利。单纯追求速度，不讲效果，反而达不到目的；只顾眼前小利，不讲长远利益，那就什么大事也做不成。"

子夏到莒父后，果然按照孔子所说，静下心来，首先对当地的情况进行了一番调查，并发现了当地的一些问题。他按照这些问题的轻重缓急，一一处理。三年后，莒父被子夏治理得井井有条。

沟通技巧

★凡事不能急于求成，做营销切忌浮躁。

★耐心经营客户，将全部精力放在为客户服务上，让客户慢慢接受你。

★拥有一颗宽容的心，善待挑剔的客户。

第 2 节　成功销售的沟通技巧

拥有良好的心态还不够，要想销售成功，沟通技巧也很关键。

销售人员是企业与客户之间的桥梁，在与客户的沟通中，销售人员应掌握主动、善于倾听、及时提问、多用赞美，同时应多从客户的角度考虑问题，多为客户着想。只有这样，销售人员才能成为一个受欢迎的人、易于被客户接受的人，这样销售成功的概率才会更大。

1. 掌握主动

要想销售成功，销售人员应该做到积极、主动。主动开发客户、主动与客户联系、主动帮助客户解决问题、交谈时掌握主动权……让客户跟着你的思路走，这样你离成功就不远了。

情景 001　主动接触陌生人

（在一列行驶的火车上，一位保险销售人员和一位带孩子的女士坐在了一起。）

销售人员：这几天天气真好，您是去××旅游吗？

女士：是啊，我带儿子去××游玩。

销售人员：哦，您的宝贝真可爱，你们一定会玩得很开心。

女士：谢谢。

（销售人员和这位女士闲聊着，车到 A 站时，列车临时停车休息，销售人员下车买了一件小礼物给女士的孩子。）

女士：您真是太客气了。

销售人员：没关系。哦，对了，您的丈夫是做什么的？怎么没和你们一起出游？他一定很忙吧？

女士：对，他每天都有应酬，因为他在 H 公司是一个部门的负责人，那是一个很重要的部门，所以没时间陪我们。

销售人员：哦，负责人啊，那一定非常优秀了！对了，××是避暑胜地，又逢盛夏，来这里玩的人很多，你们预订房间了吗？

女士：哦，没有，我根本没有考虑这些……

销售人员：如果找不到住的地方那可就麻烦了。

女士：那可怎么办呢？

销售人员：我也是去××旅游，在那儿我有几个朋友，我也许能帮助您。这是我的名片，上面有我的电话，您可以随时与我联系。

女士：真是太感谢了！

（之后销售人员通过自己的朋友为母子俩找到一家旅馆。一周以后，销售人员旅游归来，刚进办公室就接到了那位女士的丈夫打来的电话，说他们一家人要请他吃饭表示感谢。饭局结束后销售人员得到了一笔大订单。）

沟通技巧

★客户就在身边。销售人员随时随地都可进行销售，但要注意销售形式，不要引起对方反感。

★用你的真诚去帮助身边有困难的人，日后他会用感恩的心回报你、支持你。

★主动结识陌生人，建立联系，说不定他就会成为你的忠实客户。

情景 002　主动联系客户

客户不会从天而降，销售人员应积极主动联系客户，与客户建立长期的信任关系，为销售成功奠定基础。

（一位销售酒店用品的销售人员在参加完展览会回到单位后，第一时间与展会上认识的××酒店采购部经理取得了联系。）

销售人员：李经理，您好！我是王芳。

客户：王……芳……，你是……

销售人员：我是王芳，前天在展会上我们见过面，您没有印象了？

客户：啊，你好，你好，记得记得。

销售人员：李经理，那天展会上人多，时间也紧，有些问题没有和您进行深入探讨，我打电话给您，就是想抽空去拜访您一下，顺便看看您所在的酒店，您看什么时候方便？

客户：好啊，好啊，你看什么时候方便就来个电话约一下时间。

销售人员：我到时再给您打电话，就这样，再见。

沟通技巧

★认识了潜在客户后，一定要及时与之联系，让客户记住你。

★不要急于约见客户，要视自己的情况而定，要将有限的时间花在最能产生价值的事情上面。

（两个星期后的周末，王芳又发了一条短信给李经理，以期进一步强化该客户对自己的印象，强化信任关系。

很快又过了两个星期，由于就快到中秋节了，王芳打了个电话给李经理，问候他节日快乐。）

销售人员：李经理，您好！我是王芳啊。

客户：王芳，你是……

（客户好像对王芳又没有什么印象了，这也是销售人员应与客户主动联系的原因之一，销售人员应不断加深客户对自己的印象。）

销售人员：李经理啊，您可真是贵人多忘事，上次我们在展会上……

客户：王芳啊，知道知道，你最近还好吧？

销售人员：还好。一直说想去见您，但一直也没有抽出时间。眼看中秋节就要到了，给您打个电话，祝您中秋节愉快！

客户：谢谢，谢谢你还记得我。

销售人员：我也没其他事，我们保持联系，有什么事情您可以给我打电话。祝您工作顺利！谢谢！再见！

沟通技巧

★应选择适当时机，主动与客户联系，不断加深客户对你的印象，逐步建立信任关系。

★与客户保持联系时，要注意沟通方式的选择，电话、短信、电子邮件、QQ/微信、贺卡、亲笔信等应交叉使用。

情景 003　主动为客户分忧

家家有本难念的经，客户也不例外。当客户有困难时，销售人员应尽自己所能，主动为客户分忧，让客户享受超值服务，那么拿到订单就是迟早的事。

（××公司与销售人员周正已经合作很久了，该公司经理孙总与周正也已经成为了好朋友。临近端午节，周正给孙总打了个电话。）

销售人员：孙总，您好！是我，周正。

客户：周正啊，你好！

销售人员：您最近生意还好吧？忙吗？

客户：不是特别好，一方面是市场因素，另一方面，内部员工管理让我很头痛。

销售人员：员工管理方面您认为有问题？发生了什么事？

（纵深提问，通过提问进一步了解客户问题。）

客户：工作效率低，公司效益提高不上来，最近还有好几个员工离职了。

销售人员：哦，是这样啊，您别着急，问题总会解决的。让我想想，我能不能帮到您。哦，对了，我有一位同学，在一家知名的管理咨询公司工作，或许他能帮到您，一会儿我跟他联系一下。

客户：是吗？那太好了，谢谢你啊！

销售人员：不客气。这几年您一直支持我，我还不知怎么谢您呢！孙总，端午节就要到了，预祝您节日快乐！

客户：谢谢！

放下电话，周正赶紧给他的同学打电话，说明情况后，两人约好节后去拜访孙总。经过周正的从中联络，他同学的公司获得了一个咨询服务的项目，而孙总公司的管理逐步规范化，之前的问题解决了，公司效益也不断提高，他从周正这里订货的数额更大了。

沟通技巧

★当了解到客户有困难时，销售人员要主动帮助客户想办法，尽自己的最大努力为客户分忧，最终的结果就是你们的合作关系将更加稳固。

★销售人员可以成为客户的生活顾问、心理顾问和家庭顾问，让客户喜欢、信赖，甚至依赖你。当然，要做到这一点，销售人员需好好学习，涉猎各方面的知识，不断提高自己的内在修养。

情景 004　交谈中把握主动

（某装饰公司的企划部办公室里，一名广告销售人员在向装饰公司推销报纸专栏广告。）

销售人员：在我们报纸的“家居专版”上刊登广告，贵公司一来可进行形象宣传，二来可扩大影响力，一定会有客户主动咨询或主动上门的。

客户：你们的报纸发行量有多大？

销售人员：发行量的多少是否很重要呢？

客户：当然重要！发行量少，看的人就少，广告效果就差！

销售人员：您希望什么人能看到贵公司的广告？

客户：年龄在 25~40 岁的高收入人群。

销售人员：也就是说，读者的素质如何才是最重要的。

客户：也可以这么说。

沟通技巧

★上述情景中，销售人员通过两次反问，掌控了谈话的主动权，让客户顺着自己的思路走。

★若遇到客户试图掌握谈话主动权的情况，如果他在不停地提问，销售人员应尽快用反问方式及时扭转自己的被动局面，引导客户的思路向自己希望的方向转变，从而有效控制谈话局面。

★与客户谈话时掌握主动，切不可与客户争辩，那样吃亏的是销售人员自己。

情景 005　主动挖掘客户需求

在客户没有意识到需要销售人员提供哪种产品或服务时，销售人员应主动挖掘客户需求。引导客户购买是销售人员扩大销售额的途径之一。

销售人员：早上好，张经理。我是××，××咨询公司的。

客户：你有什么事？

销售人员：贵公司销售业绩今年可能会增加 30%，您想听吗？

客户：有这么好的事，说来听听。

销售人员：在说之前我有个条件，我需要您配合我回答以下几个问题，好吗？

客户：好的。

销售人员：请问贵公司销售产品主要是通过哪种模式进行的？

客户：我们几乎全部是店面销售，每一个卖场配备 2~3 名导购员。

销售人员：非常好，我想请教一下张经理，作为公司的销售部经理，如何提高销售业绩是您最关注的，对吗？

客户：是的。

销售人员：那么请问业绩是谁做出来的呢？

客户：卖场的导购人员呀。

销售人员：是的，请问张经理，导购员的销售技巧好坏对业绩有影响吗？

客户：那当然了。

销售人员：那您对贵公司各卖场的导购员目前的业务水平还满意吗？他们是否已经达到了您所要求的标准呢？

客户：离我的要求还有一点儿距离。

销售人员：您刚才所说的"距离"具体表现在哪些方面呢？

客户：如在服装卖点上，他们提炼不够，给顾客介绍时，抓不住重点，当然在"异议处理"和"促成交易"上技巧也不太熟练，还有的导购员不能准确把握客户的购买心理。

销售人员：您真是一位有责任心的领导，对下属的情况这么清楚。那么，目前贵公司有没有采取什么措施来提升导购员的整体素质呢？

客户：我们正计划请专业的培训公司对这些导购员就服装销售方面进行专业培训。

销售人员：真是一个不错的选择，张经理！和您谈话非常愉快，我今天也不想耽误您太多的时间，我们公司就是专门做销售终端培训的，我们有一些有助于改善贵公司导购员业务技巧及提高其销售业绩的资料，都是免费的，我相信一定能够帮得上您。以后有需要我帮忙的时候，请张经理随时拨打我的电话，好吗？谢谢。

客户：好的，非常感谢！

沟通技巧

★上述案例中，销售人员通过提问，一步步引导客户，使其需求更加清晰明朗。

★主动挖掘客户需求，销售人员要时时有这个意识。对老客户，深度挖掘新需求；对新客户，挖掘其潜在需求，这会使销售业绩倍增。

情景 006　主动要求客户成交

有些销售人员害怕主动提出成交要求后被客户拒绝，破坏洽谈气氛，有些业务新手甚至对提出成交要求感到不好意思，感觉自己主动提出交易好像是在向客户乞讨。其实大可不必这样，销售人员与客户之间完全是互利互惠的友好合作关系，销售人员在适当时机完全可以主动提出成交请求。

（一位保险销售人员多次前往一家公司销售团险。这天，他又来到了这家公司。）

销售人员：张经理，这份团保的合约咱们已经讨论好多次了，合约的内容也按照您的要求修改了多处，您看是不是在本周内完成签约手续呢？

客户：嗯！合约的内容是改得差不多了，不过，再看看吧！

销售人员：不知道张经理您还要再考虑什么呢？这种条件您不也认为是相当合理的吗？

客户：是很合理，不过还是给我一些时间再考虑一下吧！

销售人员：您还犹豫什么呢？只要签约，贵公司的员工立刻享有保障，而且保费也不多，一旦发生意外，都是保险公司理赔，贵公司会少很多麻烦呢，您就别犹豫了。

客户：好吧，那现在就签吧！

沟通技巧

★适时主动开口请求客户签约，并做好被拒绝的准备，不要等客户先开口。

★销售人员可在下列情况下主动要求客户成交：

1. 当客户表示出对产品有浓厚兴趣时；
2. 解除客户异议之后；
3. 在介绍产品的主要优点之后；
4. 客户对某一业务要点表示赞许之后；
5. 当销售人员对客户的问题做了解释说明之后；
6. 客户仔细研究产品、产品说明书、报价单和合同等材料之后。

2. 善于倾听

销售人员在与客户沟通的过程中，要学会倾听，而且要多听少说，这样除了能够获得客户的好感外，还能够通过客户的言谈，判断其需求或真实意图，在聆听中挖掘商机，或许客户说完话交易也就达成了。

情景 007　认真倾听并有回应

销售人员：王经理，您看我们说的那批货就这样定吧，还有什么其他问题吗？

客户：基本没问题了。我一会儿要早点儿回家，我的女儿考上重点大学了，录取通知书已经来了，今天我要好好奖励她。

销售人员：哦。王经理，您看这批货咱们先签合同吧，我们这个月要评绩效的，现在签合同我能超额完成任务，早一点儿拿提成。

客户：嗯，这个没问题。我女儿在班里学习很刻苦，这次考了全区第一名。现在的孩子不容易啊，考试以前她每天都睡不好，压力大，弄得我们家长也跟着操心。

销售人员：哦，是。王经理，您看能不能先付一点儿定金呢？我们小公司拖不起的。

客户：……我说你就想着你的生意是吧？你压根儿就没听我说什么是不是？

销售人员：您说您女儿考上大学了。

客户：是以全区第一名的身份考上重点大学了。

销售人员：对对，第一名，厉害！王经理，您看这是合同，要不我们先签字吧。

客户：先等等，我突然想起要去办一件急事，你请回吧，以后再谈。

沟通技巧

★认真倾听客户讲话，除了能表现出对说话者的尊重以外，还能表明你的素养较高，这会增加客户对你的好感。销售人员不要只顾自己的业务而不顾客户的感受。

★在与客户谈话时，销售人员的表情或行为应随对方的谈话内容作相应的变化，应该用恰如其分的点头、微笑或用“嗯”“明白”“是的”等词语来传达你的认同，否则客户会认为你忽略他，进而终止交易或交谈。

★当客户在谈论一件非常引以为豪的事情时，销售人员切不可无动于衷，而是应该表现出适当的赞赏。

情景 008　有时听比说更重要

销售人员：李大妈，您看看，这个保险产品比较适合您这个年龄的人。您一个人保了险全家人都安心，以后如果看病住院都能向保险公司申请。

客户：是啊，你这么一说我想起来了，隔壁的刘大嫂就是，一大把年纪了天天吃药看病，动不动就住院，上次住院都花了好几万元了……

销售人员：是啊。

客户：还有啊，对面楼上的王老头，上个月做了个手术，花了八万元，结果保险公司就给付了 90%，自己只掏了一万元都不到。

销售人员：嗯，您看王大爷就有先见之明。

客户：我也在琢磨啊，我这把老骨头如果真有个三长两短的可怎么办啊。

销售人员：嗯。

客户：如果一下子去了还好说，如果半死不活的拖累儿女我怎么忍心啊。

销售人员：哎，大妈，您可别这么说，您现在的身体还硬朗得很呢！不过，您可以像王大爷一样，选择一份重大疾病险，也算未雨绸缪。

客户：好啊，小陈，你就给大妈选一个合适的保险吧，大妈相信你！

沟通技巧

★一位优秀的销售员，首先是一位合格的听众。针对不同的客户，有些情况下听比说更有用，有时候，客户的话说完了，生意也就来了。

★在交谈中，销售人员应不断认可客户的言论，不离开对方所讲的话题，但可通过巧妙的应答，把对方讲话的内容引向自己所需的方向。

★专注于客户所说的内容，记在心里，为下一次的面谈及以后的成交奠定基础。

情景 009　不擅自打断对方讲话

（在一家书店里，一位女士领着孩子，正站在书架前看一套百科全书，此时店员走了过来。）

销售人员：您好，这是新出版的百科全书，您要看看内容吗？

客户：请告诉我这套百科全书有哪些特点？

销售人员：请您看看这套样书。正如您所见到的，本书的装帧是一流的，整套五十卷都是这种真皮套封、烫金字的装帧，摆在您的书架上，感觉一定好极了。

客户：我能想象得出您所说的情形，您能给我讲讲其中的内容吗？

销售人员：当然可以。本书内容按字母顺序编排，这样便于您查找。每幅图片都很漂亮，您看这幅世界各国的国旗图，颜色多逼真！

客户：我看得出，不过我感兴趣的是……

销售人员：我知道您想说什么。本书内容包罗万象，有了这套书您就如同有了一套地图集，书中还附有详尽的地形图，这对您来说一定很有用。

客户：我要为我的孩子着想……

销售人员：当然！我完全理解，此书特制有带锁的玻璃门书脊，这样您的小天使就无法打开它们，随便在书上面涂抹了。而且，这的确是一笔很有价值的投资，即便以后您想卖出也绝不会赔钱的，随着时间的流逝，它的收藏价值还可能会增加。此外，它还是一件很漂亮的室内装饰品，那个精美的小书箱就算是我们赠送的吧。现在我可以为您开单了吗？

客户：我得考虑考虑。

销售人员：我还想告诉您本店本周有一次特别的优惠售书活动，希望您能有好运。

客户：哦，不必了，我对这些没有兴趣，多谢。

沟通技巧

★上面案例中，客户每一次提出明确需求的时候，销售人员都充耳不闻地继续自己的销售推荐。他一心兜售商品，却毫不注意客户的需求——给自己的小孩买这套书看，而不是自己用于翻阅或收藏。销售人员滔滔不绝的介绍导致了生意的失败。

★与客户交谈时，销售人员一定要让客户把话说完，若要插话应征得对方的同意。

★应有目的地聆听，确定客户的主要需求点，并在自己的脑海里进行加工，从而得到自己需要的信息。

情景010　听出弦外之音

俗话说“听话听音”，这是指要听出话语中的“弦外之音”。销售人员要经常跟各种人打交道，“听话听音”的能力就显得尤为重要了，它是一个真正把握客户心理、客户需求的法宝。

客户的某些话常常是“醉翁之意不在酒”的，因此销售人员要锻炼出很好的“听力”，判断客户说话的真实意图，进而采取有效的办法以促成交易。

（在几次与客户沟通后，很多细节都已经确定，电脑销售人员李丽认为客户差不多该拿定主意了，于是又一次登门拜访。）

销售人员：您好，张总，又来打扰您。

客户：别客气，你来得正巧，我正考虑公司购买电脑的事情呢。

销售人员：太谢谢您了！

客户：你们的电脑不错，不过，还有其他品牌的销售人员也来找过我们。

销售人员：哦，是吗？都是哪些公司？

客户：嗯……××、××、××都来过。

销售人员：您认为他们的产品及给您的政策怎么样呢？

客户：也还不错啊！

销售人员：您能具体说说吗？比如××电脑，团购什么价位，具体配置怎样？

客户：这个……（支唔了半天，没有说出个所以然来。）

销售人员：那他们和我们相比，主要的优势有哪些？

客户：各有各的优势……

（销售人员看到客户支唔了半天也没有说出具体内容，而且自己给客户的政策也是最优惠的，所以判断客户这样说是有意图的。）

销售人员：张总，我给您的购买政策是最优惠的了，主要是考虑您购买的量大以及今后的合作，而且我们是大品牌，信誉度在业内是有口皆碑的，您还犹豫什么呢？我今天也将购买合同拿来了，您看一下还有什么异议？

客户：好的，我看看。

沟通技巧

★客户提出“还有其他品牌的销售人员也来找过我们”，可能是一个借口，希望借此让销售人员再在价格、售后等方面做出些让步。

★“在别的经销商那里也有同样的商品，价格要便宜很多！”“产品是不错，但我们还要考虑考虑！”“贵公司的电脑，有没有比较小的样式，如掌上型的？”对于类似的话语，销售人员在听后要认真分析客户的真实意图，不要被客户牵着鼻子走。

★判定客户所说是否属实并不难，只需要问得具体一些即可。

3. 及时提问

在销售沟通的过程中，销售人员除了说和听，还应该适时、巧妙地进行提问，以进一步了解客户的真实想法及客户的实际情况等。

提问的方式有两种：封闭式和开放式，前者只需要回答“是”或“不是”，后者是给对方足够的空间把想说的都表达出来。

当销售人员需要客户做出选择，或者要澄清对方所提出的问题（让对方对自己说的话有进一步的明朗态度），或问句本身已强烈地暗示出预期的答案（无非是让对方表态而已），这时就可以使用封闭式问题；当需要客户做出解释，而不能简单地用“是”或“不是”解决问题时，就要用开放式问题。

情景 011　用提问纠正客户的偏见

销售人员有时候会听到客户主观臆断的想法（这些想法往往是由于对公司、产品或销售方式不了解而产生的偏见），遇到这种情况，销售人员不要急着与客户争辩，最好通过提问让客户自己觉悟。

客户：直销就是金字塔式的推销。

销售人员：您说的金字塔式的推销到底指的是什么呢？

客户：就是层层盘剥，从别人身上赚钱。

销售人员：那就是金字塔式推销吗？

客户：是的。

销售人员：您确定吗？

客户：是的。

销售人员：您有工作吗？

客户：有。

销售人员：您的老板没有从你们身上赚钱吗？

客户：那不一样。

销售人员：为什么？有什么不一样？

客户：……

销售人员：那么这个金字塔推销是怎样运作的呢……让我们把这个问题留在一边吧。

沟通技巧

★销售人员可以通过提问引导对方，让对方意识到自己在认识上的偏差，这比争论要有效。

★与客户交谈时，销售人员一定要让客户把话说完，之后再提出问题。不要急于表态，若要插话应征得对方的同意。

★要有目的地聆听，确定客户的主要观点，并在自己的脑海里进行加工，从而得到自己需要的信息。

情景 012　提问要讲求艺术

销售人员：您确定不需要我们的保险吗？再考虑一下吧。

客户：我考虑过了，确定不需要。

销售人员：那我来问您两个问题。

客户：什么问题？

销售人员：首先请您告诉我，您是不是一个诚实可敬的人，这将意味着您会不会说谎。

客户：当然，我是一个诚实的人。

销售人员：那么第二个问题，当您坐在一条即将要沉的船上时您会不会后悔没有预先买一件救生衣。

客户：这个……当然会后悔了。

销售人员：实际上您这个年纪的人就好比是一条船，虽然现在看上去没有问题，但由于工作压力大，家庭压力也大，所以这条船已经有很多隐患了。买保险就好像是穿了救生衣，即使真出了问题也不至于坐以待毙，人最重要的是给自己留一条后路，您说是不是啊？

客户：嗯，你说得有道理。

沟通技巧

★合理的提问比冗长的解释更有说服力，但销售人员在提问时应注意问题本身要有针对性和引导性，否则会使面谈局面更混乱。

★通过对客户进行引导性提问可准确地掌握客户需求，便于我们有效地开展销售工作。

★可通过提问让客户认识到购买产品或服务的必要性，为成交打下基础。

情景 013　把握提问的时机与尺度

在交谈中向客户提出问题，主要是为了解决问题，但销售人员也应把握好尺度，切不可问题一个接着一个，没完没了，这样难免会让对方产生反感。

销售人员：刘先生，不知您家里以前用没用过××产品。

客户：用过。

销售人员：那么用的是哪一类产品呢？

客户：好几种产品都用过，洗护系列的，家居清洁的，还有营养品。

销售人员：看来您是我们产品的老客户了。您一年大约花多少钱买××产品呢？

客户：具体没计算过。

销售人员：那您感觉和其他产品相比，××产品怎么样呢？

客户：还可以，有的感觉不太好。

销售人员：什么产品不好呢？具体怎么不好呢？

客户：……

销售人员：用了几年了？

客户：三四年了。

销售人员：那位销售代表有没有经常与您联系？

客户：销售代表就是我太太。

销售人员：那您太太还在做吗？

客户：那是我的家事，请你不要再问了。

沟通技巧

★销售人员提问的目的是用问题引导谈话的方向，而不是把大量的问题一下子都抛给客户。不要问个没完，要给客户留出思考的时间。

★平时应多积累，做好准备工作；对客户要进行周密调查，充分了解客户的情况；要提出针对性强的问题，不要漫无目的地发问。

★应善于察言观色，洞悉客户的心理，问到客户的心坎儿上；同时应注意客户表情、心理的变化，提问或谈话应适可而止。

★如果客户对问题的回答不充分，不能令人满意，销售人员要有耐心继续追问，但应掌握好尺度。

情景 014　灵活运用提问方法

提问的方法有多种，销售人员在与客户交谈时，应灵活运用这些方法，一步步走进客户的心里。具体的方法如下。

1. 状况询问法。这种方法主要是通过询问来了解客户的目前状况及可能的心理状态，其作用是初步了解客户的背景资料，从客户的回答中发现潜在的问题和需求。

2. 问题发现型询问法。在获悉了客户的基本背景资料后，继续提问，目的是发现客户的不满、不平、焦虑及抱怨等，以期进一步发现客户正在或将要面临的困扰，为下一步的销售工作进行有针对性的准备。

3. 问题扩大型询问法。在发现客户的问题后，销售人员要设法进一步找出这个问题可能会对其他方面造成的各种不良影响，让客户产生解决问题的急迫感，迫使客户下决心解决问题，增加购买欲望（应注意：所问问题要有深度，要让客户感觉你很专业）。

4. 评价型询问法。针对指定的主题进行询问，让客户表达看法，以此进一步探求客户的需求、想法，从而促使客户作出决定。

5. 问题解决型询问法。用询问的方式提出解决客户问题的方法，以便决定下一步的工作（是签约还是继续跟踪维护）。

（在一家电器城的某品牌电脑专柜前，一位先生正在看掌上电脑。）

销售人员：您好，请问有什么可以帮到您的？（问候）

客户：我想看一下你们的掌上电脑。

销售人员：首先谢谢您的光临，我可以请教您几个问题吗？（征求客户同意提问）

客户：可以。

销售人员：请问怎么称呼您呢？（状况询问法）

客户：我姓张。

销售人员：张先生，您这是第一次购买掌上电脑呢，还是以前使用过？（状况询问法）

客户：第一次。

销售人员：哦，第一次的话，那就应该好好选择一下。您心中有没有一个比较符合您心意的品牌和型号？（问题发现型询问法）

客户：我想买××。

销售人员：××，不错。以前有不少人买这种型号，您觉得它哪些方面符合您的要求呢？（问题发现型询问法，帮助客户进一步明确其需求）

客户：其实只是一个初步想法，具体没考虑那么多。

销售人员：看来您对××情有独钟，您觉得××好在哪里呢？（评价型询问法）

客户：国外老牌子了，而且可以安装很多软件。

销售人员：哦，明白了。您准备用掌上电脑做什么工作？（状况询问法）

客户：主要就是日程安排、存通信录等，也没有其他的。我们做销售的，有时候一出去就是一整天，有个掌上电脑会方便很多。

销售人员：那是，最近有很多销售人员都买了掌上电脑。那么日程安排和通信录是您最常用的两个功能吗？（问题扩大型询问法）

客户：可以这么讲。不过，××挺小巧的，而且是银色金属外壳，手感很好。

销售人员：我知道了，您在选择掌上电脑时最看重的是小巧、金属外壳，功能方面能满足基本需要就可以了，对吗？

客户：对。

销售人员：顺便问一下，相对于功能、外形和大小，您最看重哪一个？（问题扩大型询问法）

客户：如果让我选择的话，我会选择大小和重量。

销售人员：我完全赞同您的看法，很多客户都这样想。选择掌上电脑时，大小和重量确实是应主要考虑的因素。不过，就这一点，每个人的出发点也不同，您为什么会将大小和重量放在第一位呢？（评价型询问法）

客户：哦，是这样，有时候外出，最不喜欢带包，这时需要将掌上电脑放在口袋中。

销售人员：哦，对，很多人都是出于这样的考虑。我还有个疑问，您的客户是中国人多还是外国人多？（评价型询问法）

客户：当然是中国人多。

销售人员：那么我的理解就是您会经常用中文输入，对不对？还有您的手机上有红外线吧？（状况询问法）

客户：有。

销售人员：有时候您还需要将手机与掌上电脑的数据进行互换，对吧？（问题解决型）

客户：可以吗？这我倒还不知道。如果能的话，当然更好了。

销售人员：可以的，操作起来也很方便。张先生，现在我知道您需要用中文进行输入，同时还需要手机与电脑信息的互换功能。如果确实如此，我觉得××可能并不适合您。

客户：为什么？

销售人员：首先，××到目前为止还没有推出中文操作系统，您如果用中文输入的话，需要安装中文系统，这比较麻烦，而且识别率低、速度较慢，同时还会占用内存；另外，在与手机互换数据的时候，××有时会出现乱码，假如您想通过手机和××群发短信，出现乱码的几率就更高。所以，我觉得××不太适合您。

客户：那你觉得哪款会好一些？

销售人员：我的建议是……它具有……可以让您……您觉得怎么样？（问题解决型询问法）

客户：也行。

沟通技巧

★在整个对话过程中，销售人员应充分运用提问法，一步步引导客户说出自己的想法和需求，引导客户向着有利于自己的方向转变。

★平时应多积累，要掌握销售工作所需的各种知识，要让自己的提问具有针对性、专业性，这样才能得到客户的认可。

★不要提出让客户感到尴尬或难堪的问题。

4. 多用赞美

好话人人都爱听，在销售过程中，几句中肯的赞美能够将销售人员和客户之间的距离拉近很多。

情景015 赞美要发自内心

赞美要发自内心，要真诚，否则效果会适得其反。赞美客户时，最好能找出其可能被人忽略的特点，这能让客户感觉到你的话是真诚的。

一位销售木地板的销售人员在总经理秘书的带领下走进了某房地产开发公司总经理的办公室。之前秘书已经跟销售人员交代过："王总很忙，你最好在五分钟内把事情讲完，否则你得到这单生意的机会微乎其微，他是一个惜时如金的人。"

（销售人员被带进办公室的时候，王总正伏案处理一些文件，销售人员于是坐在办公室的沙发上等候。过了一会儿，王总抬起头，与销售人员进行了下面的对话。）

客户：你好，这位先生，有事吗？

销售人员：您好，王总，我是××地板公司的销售人员××。刚才在恭候您的时候，我一直在观察您的办公室，很羡慕，您的办公室布置得可真漂亮，让人一进来就感觉心里很敞亮。

（说话时，销售人员的面部出现了对这间办公室非常神往的表情。）

客户：是吗？你倒是提醒了我，刚搬到这里的时候也非常喜欢这里的办公环境，可是工作太忙了，现在我甚至一连几周都顾不上好好看它一眼。

销售人员：我真是羡慕您，假如我自己能有这样一间办公室，即使工作辛苦一点儿我也不会在乎的。您知道，我是做地板生意的，我还从没见过比这更漂亮的办公室呢。

（说着，销售人员走过去，用手来回抚摸桌子上的一块镶板，那神情就如同抚摸一件心爱之物。）

销售人员：这是用英国的栎木做的，对吗？英国栎木的组织和意大利栎木的组织就是有点儿不一样。

客户：不错，这是从英国进口的栎木，是一位专门同细木工打交道的朋友为我挑选的。你对木制品还真是有研究。谢谢你的赞扬，实际上这桌子是整个办公室我最喜欢的东西。

（接着，王总滔滔不绝地讲了自己如何设计这间办公室、当初如何创业等，还搬出他亲自漆过的、引以为豪的几把椅子。销售人员认真倾听着并不时给予回应或由衷赞美，时间不知不觉就过去了一个多小时，王总还是意犹未尽，好像遇到了知音，直到最后谈到了销售人员的木地板。结果，这位销售人员轻而易举地拿到了该公司的两个楼盘项目。）

沟通技巧

★有时候一句适当的赞美比贵重的礼物更让人珍惜，但赞美要发自内心，要经过思考，要有诚意，否则适得其反。

★销售人员不要对自己不熟悉的东西妄加评论，即使是赞美也要把话题引至自己熟悉的领域中来。

情景 016　赞美要把握分寸

销售人员：这位大叔，过来看看我们的这款新产品吧，最近在搞促销呢！

（老人走了过来，步履蹒跚，气喘吁吁。）

销售人员：大叔，您今年多大岁数了？看上去气色真好，还这么硬朗。

老人：你就别给我宽心丸吃了，我刚出院，气色能好吗？

销售人员：我是说您给人的感觉就像四十多岁一样。

老人：40 岁？小伙子，我今年都 70 岁了，看看，头发都快掉没了，牙也松了，哪里像个 40 岁的人？行了行了，你不就是想让我买你的东西么？

说完，这位老人忿忿地离开了。

沟通技巧

★赞美客户要有理有据，不合理的赞美只会让人心生厌烦。

★赞美客户时要把握好分寸，因人而异。如遇到严肃型的客户，赞语应自然朴实，点到为止；遇到年老的客户，应多用间接、委婉的赞语等。

情景 017　赞美要选对目标

一位销售果汁饮料的销售人员走进了一家刚开业不久的小饭店，服务员领他去见饭店老板。当时，这位老板正与员工包饺子，销售人员见状，微笑着走上前去。

销售人员：您好，呵，连您都亲自下厨忙活了，看来贵店的生意挺红火呀！

客户：还好、还好！

销售人员：嗯，这厨房收拾得太亮堂、干净了，难怪人们都愿意来这儿吃饭呢？

客户：谢谢老弟这么夸奖，呵呵，看来我这装修钱没白花呀！

销售人员：是啊，真不错啊！

客户：哦，对了，你是做什么的？来找我有什么事情？

销售人员：我是……

销售人员说明来意，买卖成交也就顺理成章了。

沟通技巧

★赞美要有的放矢，如是个人购买者，可从其衣着、风度、气质等方面给予赞美；对于企业购买者，除了上述赞美要素之外，企业名称、产品质量和品牌等都可以成为赞美对象。

5. 为客户着想

销售人员在与客户的交往、沟通过程中，一定要多为客户着想，站在客户的立场上想问题，让客户觉得你值得信赖、你是在真正关心他的权益，只有这样，双方才能建立起稳定的合作关系。

情景 018　替客户节约费用

父子俩来到某电子市场××电脑专柜前，销售人员热情地迎了上去。

销售人员：你们好！想买一台什么配置的电脑呢？

父亲转脸对儿子说：这么多品种，你好好看一下吧。

孩子听后，将目光移向高价位的电脑，而他的父亲只在低价位电脑旁徘徊，显然，他们的意见还没有达成一致。销售人员看在眼里，心想："孩子赶时髦，一定是想要一台高配置的电脑，而他的父亲可能是想省钱，大概是希望他买一台价格低廉的。"

销售人员：小伙子，你买电脑都准备做什么？

孩子：学习、上网、玩游戏……

销售人员对孩子的父亲说：您看的这种电脑虽然价格便宜，但是性能也一般，年轻人对电脑的要求较高，如果以后对硬件再进行升级，花的钱会更多。

销售人员对孩子说：这种电脑虽然配置高，但有许多功能你用不着，而且售价有些贵，买它可能是有点儿浪费了。你看看这台电脑怎么样？它的配置足以满足你学习、玩游戏、上网的需要，另外有硬件升级的空间，而且价格也适中，比较适合家庭购买。

这位销售人员的一席话说得有情有理，各方面的需求都照顾到了——既满足了孩子追求高配置的要求，又满足了父亲想要省钱的愿望。最终，交易顺利地达成了。

沟通技巧

★销售人员不要为了提高业绩只向客户推荐价格高的产品，或者一再让客户购买更多的产品，要根据客户的实际情况推荐满足其需求的产品，让客户愉快购买，这样往往会带来更多的生意。

★销售人员要做个有心人，在销售过程中应察言观色，照顾各利益相关方的需求，找到平衡点，然后采用适当的销售策略进行推销。

★时刻为客户着想，为客户节省不必要的开销。

情景 019　尊重客户的知情权

销售人员：先生，您看看这些，都是我们楼盘最好的户型。

客户：拿来我看一下。

销售人员：您看这些，都是大户型，3 室 2 厅 2 卫的，而且处在最好的 18 层。

客户：嗯，这个很贵吧。

销售人员：每平方米 18 000 元。

客户：这个价位确实有点儿高。

销售人员：那您可以看一下其他户型，有比较小的。

客 户：我还是比较喜欢大房子。这个怎么样，10 层我看还有一个。

销售人员：哦，这个啊，这个均价要便宜一点。

客户：这个为什么便宜啊？哦，我知道了，是不是处在拐角啊。

销售人员：不是在拐角。

客户：不是在拐角就行了，就它了，带我去看看吧。

销售人员：好的，不过我得跟您讲清楚，这一层之所以便宜是因为这个高度上的空气质量不是很好。

客户：你说什么？为什么会这样？

销售人员：因为 10 层左右的高度是“污染物高密度区域”，污染物会在这个高度停留一段时间再消散。

客户：哦！还有这么一说啊！我以前都不知道！不过谢谢你这么坦诚，没关系，先带我去看看吧。

沟通技巧

★消费者拥有知情权。销售人员介绍产品时应告知产品的特性，包括优点、缺点，让客户自己选择，以免成交后客户产生“被骗”的感觉。

★在说明产品缺点时要注意技巧。

情景 020 “趁火打劫”不可取

当有第三方在场的时候，客户会更加在乎自己的面子，此时，如果销售人员坚持推荐昂贵而不实用的东西，马上就会失去客户的信任，即使这次销售成功了，也不会有下一次了。

小孩：妈妈，我想要这个小熊毛绒玩具。

母亲：你不是已经有了吗？今天不买了，跟我回家吧。

（小孩噘着嘴，正要离开。）

销售人员：小朋友，你喜欢这个毛绒玩具，阿姨给你拿下来玩玩好不好。

（小孩兴冲冲地跑过来，拿着玩具爱不释手。）

小孩：我真的喜欢这个毛绒玩具，你就买给我嘛。

母亲：有了还要，真是的。服务员，这个多少钱？

销售人员：这是进口的毛绒玩具，我们现在打折，只要 299 元。

母亲：什么！就这东西 300 元？

小孩一边哭闹一边说：妈妈，我就要这个玩具，别的什么都不要。

销售人员：您看孩子多喜欢，也不贵，才 299 元，您就给他买一个吧。我们的玩具质量都很好，用十年都不会坏。

母亲：299 元和 300 元有什么区别？十年以后她还会玩这种玩具吗？

小孩坐在地上哭闹：我就要这个玩具！

（小孩的哭闹引来一些围观者，孩子母亲的脸红了起来。）

母亲：好了好了，妈妈给你买，真拿你没办法。

销售人员：小朋友，你开心了吧，妈妈说要给你买了。你看这边还有变形金刚的小汽车，如果小熊坐在小汽车里是不是很有意思呀！

小孩想了想，又开始哭闹：妈妈！妈妈！我想再要一个变形金刚的小汽车。

……

沟通技巧

★趁人之危，一次两次也许能成功，但可能会永久地失去这个客户。

★在销售过程中，销售人员一定要注意，不要为了完成业绩而不择手段，不顾客户的实际情况强行推销，否则会得不偿失。

★上例中，销售人员最好将毛绒玩具拿给小孩玩，然后哄他，叫他不要闹了，听妈妈的话等，说不定小孩的妈妈一高兴就买了，而且是心甘情愿，以后还会成为长期客户。

第 3 节　掌握客户的购买心理

在整个销售过程中，客户的心理是复杂多变的，因此，销售人员只有沟通技巧和良好的心态还不够，还要准确把握客户的购买心理，了解客户的心理活动规律，然后以他们乐于接受的方式进行有针对性的沟通，只有这样，才能真正了解客户的需求，进而激发他们的购买欲望。

1. 客户购买的三个阶段

销售人员的目标对象可能是经销商、代理商、零售商，也可能是最终消费者，但无论是谁，在其决定购买之前都要经历认识、情绪波动、意向决定这三个阶段，因此，销售人员要充分把握客户的这种购买决策过程并在每个阶段采取不同的应对措施。

情景 021　从感性到理性的认识

客户对产品或服务的认识，是从感性到理性、从感觉到思维的过程。在此阶段，销售人员应该引起客户注意，向客户介绍、展示产品，让客户对产品有一个直观、感性的认识，然后通过利益描述，使客户通过思维、联想、判断，获得对产品的个别属性和整体形象的全面认识。

销售人员：您好，小姐，请您看一下我们新推出的防晒系列产品。

客户：对不起，我不需要防晒产品！

（这位客户显然不接受销售人员介绍的产品，理由是不需要，这说明客户对销售人员介绍的产品不了解或者认识还不够，也不想接受有关防晒产品的相关信息。）

销售人员：啊？皮肤防晒非常重要，尤其是夏天，您是在用其他品牌的防晒产品还是……

客户：什么都没用，我不需要防晒，每天早出晚归，又坐在办公室不出去，哪还需要防晒呀！

（销售人员通过询问了解了这位客户不接受防晒产品的原因，接下来，销售人员应做的就是让客户对自己品牌的防晒产品有所了解。）

销售人员：是这样啊！防晒美白是夏天护肤的头等大事，而且太阳的紫外线一天当中都有，您即使每天在办公室工作，如果座位靠近窗户，也应该做好皮肤防晒，中午出去吃饭也要有防晒措施，因为强烈的紫外线容易使人的皮肤老化，产生皱纹、斑点，甚至造成皮肤发炎……

客户：有这么严重啊！

销售人员：我不是危言耸听，真是这样，不信您回去自己查查。

客户：那你们的防晒产品怎么样，给介绍一下吧！

销售人员：……

销售人员介绍完产品后，客户要求试用一下，销售人员就挤出一点儿试用装涂抹在客户的内侧手腕。

沟通技巧

★上例中，在客户对销售员的防晒产品还没有基本认识时，销售员通过询问了解了客户的真实想法，然后通过陈述防晒的好处及必要性，引起客户注意，激发了客户认识产品的兴趣。

★通过销售人员的产品介绍及试用，客户会对产品有一个更为全面的认识。在认识阶段，销售人员的任务就是引发客户对自己所销售产品的兴趣，让其对产品有全面的认识，为以后的销售做好铺垫。

情景 022　把握客户的情绪

客户在对产品有了一定的认识后，会就产品是否符合自己的需要产生一系列的心理活动，如满意或不满意、喜欢或不喜欢、有兴趣还是无兴趣、有欲望还是无欲望等。

接着上面的例子，不同的客户在试用完产品后，可能会表现出不同的情绪。销售人员可以进行对比分析，正确把握客户的情绪，然后采取相应的策略，引导客户购买。

客户 A：这个产品还不错，而且我试用也没有过敏反应，如果是水性的就好了，我是油性皮肤。（表现出对产品美中不足的“不满意”。）

客户 B：我觉得这一款的防晒系数较高，不太适合我用。（觉得防晒系数高不适合自己用。）

客户 C：真是不错，多少钱一瓶？（非常感兴趣，但要了解价格。）

客户 D：管它呢，先买一瓶用用再说。（表现出了强烈的购买欲望。）

沟通技巧

★上述四位客户表现的是四种不同的情绪，而不同的客户对产品的不同情绪是销售人员判断客户是否购买的主要信号。销售人员要善于把握客户的各种情绪表现，并适时引导客户成交。

★销售人员既然了解了客户情绪对购买行动的影响，就要将产品和客户的需求紧密地联系在一起，进一步激发客户的购买欲望。

情景 023　意向转化为购买行动

购买意向对客户的购买行为过程起着发动、调节或制止的作用。

（销售人员给客户抹完防晒霜之后，与客户进行了下面的对话。）

销售人员：您很漂亮，如果再注意保护一下自己的皮肤，会更加美丽。

客户：谢谢，以前总觉得不总在户外活动，不用防晒产品对皮肤影响不大。

（客户已有些心动，仔细查看刚才试用的那款产品的说明及使用方法。）

销售人员：不是这样的。紫外线对皮肤的伤害即使在冬天、在室内、在阴天都会存在。在阴天或者树荫下，紫外线强度只会减少大约 30%，所以一年四季都应使用防晒产品。在我们从事爬山、游泳等户外活动前更应涂抹防晒产品，运动完后还应使用专门的晒后修护产品，及时给皮肤补充水分。

客户：原来还有这么多学问呀。

销售人员：是的。另外，不同的皮肤要用不同性质的产品，不同的场合要选择不同防晒系数的产品。您是油性肤质，用这一款防晒乳液最合适了，水性的，渗透力较强。而且，您不经常在户外，选择防晒系数低的产品就可以了。

客户：真是太感谢你了。

销售人员：您还要注意，不是涂了防晒产品就万事大吉了，平时您出门时最好随身携带防紫外线伞、帽子、太阳镜，穿着棉麻制长袖衣服。

客户：好的，谢谢！多少钱一瓶？

销售人员：150元，我给您开好单子，您去那边收银台付款。

客户：150元，太贵了点儿吧，还能优惠些吗？

销售人员：这是今年的新产品，容量大，70ml呢，您至少能用6个月，您算算，平均每天您才花多少钱投资您的美丽呢？

客户：好吧。（客户交完钱回来，销售人员已经将那瓶防晒乳液包装好了。）

销售人员：您拿好，用着好欢迎您常来，如果有不舒服的情况请及时与我联系。

客户：多谢！

沟通技巧

★上例中，经过销售人员的介绍及双方的沟通，客户具有了强烈的购买欲望，进而产生了购买行为，欣然购买了防晒产品。在销售人员的推动下，客户的主观意识转化为现实购买的实际行动。

★客户的意志有时会受到外部因素的影响，如产品价格、同行人员的建议等。有时客户还会征询销售人员的意见。在客户征询销售人员意见的时候，销售人员的正确做法应是提供建议，让客户自己做决定，而不是代替客户做决定。

2. 客户做出购买决策的心理过程

上文中，通过对客户购买的三个阶段进行分析，我们可以将客户做出购买决策的心理过程分为五步：注意（Attention）、兴趣（Interest）、欲望（Desire）、行动（Action）、满意（Satisfaction），简称AIDAS（这就是客户购买心理决策的AIDAS模式）。

1. 注意（Attention）

通常，人们的购买行动都是从“注意”开始，只有客户的注意力被吸引到销售中来，并对销售行为及产品产生正确的认识，才有可能对销售人员的产品或服务产生兴趣，进而产生购买欲望，做出购买行动。因此，吸引客户注意是销售人员需要迈出的第一步。

引起客户注意的方式有很多，销售人员应根据自己所卖的产品或服务的特点、销售政策、销售场所、销售方式以及个人的特点等采用不同的方式。

(1) 开门见山：针对客户的主要购买动机，单刀直入，直接进行推销。

(销售人员敲开一位陌生客户的家门。)

销售人员：大爷，您好！请问您家有高级按摩仪吗？

(老大爷被突如其来的话问住了，不知怎么回答，回头招呼老伴，他的夫人有些好奇地走了出来。)

夫人：我们家是有一个按摩仪，但不是高级的。

销售人员：我这里有一个高级按摩仪，您不想试试吗？

销售人员边说边从包里掏出一个按摩仪，老夫妻将销售人员让到屋里，销售人员开始介绍他的产品并给老人试用，结果不言而喻。

(2) 利用人们的好奇心理。在见面之初，销售人员可以先讲一些能够激发客户好奇心的话，将他们的注意力引导到自己销售的产品上来。

瞧一瞧，看一看，最新的蒸汽熨斗啊……(边介绍产品优点边示范操作。)

馅饼，好吃不贵的××馅饼！

请您给我五分钟好吗，我想就一个生意上的问题征询一下您的意见！

(3) 通过连续提问，让客户做出一连串的肯定回答，以期引起客户注意。销售人员运用此法时要事先策划好问题的逻辑层次，使客户沿着自己的意图做出肯定的回答。

销售人员：王经理，您好，很想和您面谈一次，提高贵公司的营业额对您一定很重要，是不是？

客户：是的。

销售人员：好，我想向您介绍我们的××产品，这将有助于您达到目标。您很想达到自己的目标，对吗？

客户：是的。

……

客户一“是”到底，这意味着销售人员已经为自己的销售成功开创了良好的局面。

2. 兴趣（Interest）

兴趣是客户对产品的选择性态度和心理倾向，它表现为客户对某种活动、某种事物的偏爱和喜好。具体来说，在销售活动中，客户对产品的偏爱和喜好即为他们的兴趣点所在。

上文中，销售防晒产品的销售人员说明防晒对护肤、保持青春的重要性后，客户开始关注自己的真实需求，并认识到自己确实应该采取皮肤防晒措施。

这表明在销售过程中，销售人员应积极与客户沟通，在交谈中发现客户的真实需求，并根据这一需求激发客户的兴趣点，进而引导客户的兴趣朝着成交迈进。

3. 欲望（Desire）

客户对产品的兴趣被激发出来后，就会由于喜欢产品而产生强烈的购买欲望和购买热情。在此情绪的推动下，客户会对产品的性能、价格和美观等方面进行评价，使自己的感情与理智趋于统一，给自己的购买行为寻找理由。

4. 行动（Action）

客户在对产品进行评估后，如果觉得产品可信赖，自己比较喜欢，自己的需求也可以得到满足，就会采取行动，做出购买决策。

5. 满意（Satisfaction）

客户购买完产品后，就要使用产品。在使用产品的过程中，客户一方面会评估自己的购买决策，另一方面也会考察销售人员的服务是否令人满意，并决定是否还要继续从销售人员那里获得产品和服务。只有对产品和销售人员的服务都满意以后，客户才可能重复购买，做出下一个购买决策。

以上就是客户做出购买决策的心理过程，看似很清晰，但实际上并不一定如此。有的客户可能对产品有兴趣，但没有购买的计划；还有的客户可能看着别人购买自己也购买，不考虑过多。因此，要想准确把握客户的心理，销售人员就应在工作中逐步积累经验，多与客户交流，提高自己的洞察力、判断力。

第 4 节　应对不同类型的客户

人的性格千差万别，世界上很难找到性格完全相同的两个人。销售就是与人不断沟通、交流的工作，在销售过程中，销售人员会遇到形形色色的人，会面对各种类型的客户，那么如何才能与各类型客户成功交往呢？要做到这一点，销售人员就要了解各种类型客户的性格特点及行为方式，并使自己的行为恰如其分地符合客户的需要，赢得客户的喜爱。

根据个性的不同，笔者将客户分为以下十种类型（如表 1-1 所示）。销售人员在与客户交往的过程中要注意客户的一言一行，判断其主要性格特征，并据此采取有效的应对方法，从而达到销售目的。

表 1-1　不同类型客户的应对技巧一览表

客户类型	主要性格特点	应对技巧	技巧操作说明
腼腆害羞型	1. 在陌生人面前显得拘束，怕在生人面前出丑，此种类型以女性居多 2. 可能对任何事都不感兴趣 3. 可能会坐立不安，有时则喜欢在桌上、纸上乱写乱画，不愿与销售人员正式对话	谨慎、稳重，多用赞美	1. 交往时，销售人员应谨慎而稳重。交谈时，销售人员应细心地观察客户在情绪、行为方式方面的变化，坦率地赞美其优点，尽量与之建立值得信赖的朋友关系 2. 在沟通中，销售人员可以稍微提及有关客户工作方面的事，其余私事则一概莫提 3. 在适当的情况下，销售人员可考虑改变一下谈话环境，促使客户放松警戒心
忠厚老实型	1. 他们友好且富有同情心，无论销售人员说什么，他们都点头微笑，连连称好，不愿意得罪人 2. 他们往往会在销售人员开口之前，在心中设定一个“拒绝”的界限，但当销售人员进行产品介绍时，他们又常常不停地点头称是，甚至还会加以附和	主动而友好，多用提问让其说“是”	1. 面对这种客户，销售人员不要碍于情面，觉得不好意思卖东西给他们，而应把握分寸，让每次会谈都有成效 2. 与这类客户会谈时，关键是想办法让他点头说好。销售人员可以这么问：“怎么样，您不想买吗？”这种突然的发问可瓦解其防御心理，让交易顺利达成

（续表）

客户类型	主要性格特点	应对技巧	技巧操作说明
自我膨胀型	1. 喜欢自我吹嘘，炫耀自己见多识广、才能卓越；喜欢发表意见，高谈阔论，表现欲极强 2. 自认为自己比别人懂得多，地位优越，常爱打断别人的话。例如，销售人员在进行商品说明时，他可能会横插一句："这些我早就知道了" 3. 有时为了避免出现尴尬，会给自己找台阶下，如时不时地称赞销售人员几句，等等	自信加专业，满足对方自尊心	1. 做忠实的听众，满足客户自尊心 2. 适当地表现自己卓越的专业知识，让客户清楚你是这方面的专家 3. 在交谈时，可以适度认可对方的看法，让对方有受尊重之感，之后，在对方戒心消除之际，再进行商品说明（不必说得太详细，可稍作保留，以激发客户的兴趣）
冷静思考型	1. 遇事冷静、沉着，思维严谨，不易为外界所干扰，不愿过早地暴露自己的心态 2. 具有相当的学识，且对商品也有基本的认识和了解 3. 面谈时不会表现得很热情，有时让人感觉压抑；喜欢思索，有时会提出几个问题，有时会用怀疑的眼光观察销售人员	谦和而专业，让客户多了解你	1. 进行产品说明时，应从产品的特点着手，谨慎地应用逻辑引导方法，多方举证、比较、分析，向客户全面展示产品的特性及优点，以获得客户的理性支持 2. 认真倾听客户所说的每一句话，仔细揣摩其内心的想法，了解其顾虑，诚恳而礼貌地给予解释，最好用精确的数据、恰当的说明、有力的事实来赢得其信赖。有时候可以和他们聊聊自己的私事，拉近彼此的距离，使其放松警戒心

（续表）

客户类型	主要性格特点	应对技巧	技巧操作说明
			3. 与之交往时，销售人员应谦和而有分寸，千万别显露出一副迫不及待的样子，但在解释商品特性或公司销售政策时，则必须热心地予以说明
严肃认真型	1. 对人态度冷淡，不重视销售人员，甚至流露出厌倦之情，让人难以接近 2. 从不认为销售人员的产品对自己有多重要，遇到问题爱较真	见机行事，善用激将法	1. 用尽一切推销手段之后，如果面对的依然是一副冷淡的面孔，甚至是不礼貌、刻薄的拒绝，此时可运用激将法，一旦成功，见机行事 2. 销售人员不能因此类客户的态度冷淡而生气，而应通过适度而专业的商品说明，激发客户的购买热情；同时，也可以适时地称赞客户，建立彼此的友善关系，这样有助于达成交易
先入为主型	1. 先发制人，先表明立场，如“我只看看，不想买”、“我以前用过你们的产品，不怎么样”等都是此类客户常说的话 2. 在与销售人员接触之前，他们通常都已做好准备，对于销售人员要问什么、拒绝与否已经了然于胸 3. 是最容易成交的类型	精彩产品说明及给予优惠	1. 销售人员应进行精彩的产品说明以击垮此类客户的心理防线，或者不去理会客户先入为主的言论 2. 销售人员可从价格上给予优惠，这肯定会让客户动心；客户开始时的否定态度恰恰表示了只要条件允许，他一定购买的意向

（续表）

客户类型	主要性格特点	应对技巧	技巧操作说明
豪爽干脆型	1. 开朗、乐观、积极、豪放，决断力强，不喜欢“婆婆妈妈” 2. 非常讲义气，但比较缺乏耐性，轻率马虎，感情用事 3. 对销售人员以诚相待，对于销售人员所销售的产品，只要觉得符合自己的需求便立即买下	做事干脆利落	1. 交往时，销售人员的言谈举止要迎合客户性情，做事要干脆利落 2. 介绍产品、说明价格、解决异议时，销售人员的语言要简单明了，千万不可啰唆，否则客户会因失去耐心而放弃购买 3. 在销售沟通的过程中，销售人员还应适时提出推销建议，并对客户略加指点，让客户觉得销售人员负责任，值得交往
喋喋不休型	1. 爱说话，总想成为谈话的主角，而且只要一开口便滔滔不绝，但很可能离题万里 2. 在与销售人员谈话时，爱打岔，发表自己的见解 3. 有时会很友好，自己说完话，不管对方感觉如何，最后都会说“见到你真高兴，希望保持联系”	耐心加沟通技巧；控制谈话局面	1. 有耐性，适当给予此类客户合理的时间让其尽情地高谈阔论，切不可在其谈兴正浓时打断 2. 学会控制面谈节奏，充分运用倾听、提问等技巧，随时留意机会，将客户的侃侃而谈引入销售的话题之中，掌握面谈的主动性 3. 在与此类客户沟通时，销售人员要注意适当重复自己的观点，以应对该类客户不善于倾听的习惯

（续表）

客户类型	主要性格特点	应对技巧	技巧操作说明
圆滑型	1. 老练、世故，经常许下诺言，但很难兑现 2. 与销售人员面谈时，总是希望先立于不败之地，然后向销售人员索要各种各样的资料和说明，并提出各种尖刻的问题；同时，还会作出承诺，附加条件，待条件得到满足后，又找借口继续拖延、砍价，有时还会以声称另找厂家购买相威胁	细心观察，制造销售紧迫感	1. 遇到此类客户，销售人员应细心观察，辨别客户是否真的有需求。此类客户刁难的目的往往是想获得更多的优惠或检查销售人员的销售水平，销售人员此时不可因怕失去客户而主动减价或提出更优惠的条件 2. 销售人员应尽量绕开客户提出的各种苛刻条件，不予正面回答，要重点宣传自己产品的功能及优点；同时，可适当制造紧张空气，如存货不多、优惠活动即将到期、即将调价等，让客户产生购买的紧迫感 3. 销售人员可根据具体情况制造些僵局，至少让客户觉得销售人员已经做出了最大的让步。使用此策略时，销售人员还应注意缓和僵局，不能因此而失去客户
吹毛求疵型	对任何事情都不会满意，喜欢挑毛病，遇事一味地无理争辩，争强好胜，绝不服输	迂回战术	切忌与此类客户正面交锋，可采取迂回战术，例如可在争辩中以退为进，让客户产生优越感，待其争斗心消退时，再抓住机会，及时将对话引入销售正题

Chapter 2

第 2 章

开发客户

客户是企业利润的直接来源，也是销售人员获得收入的源泉，因此开发客户就是销售人员的重要工作之一。客户无处不在，关键在于销售人员如何开发并与之沟通。

第 1 节　寻找潜在客户

潜在客户是指有购买某种产品与服务的需要、能够作出决定、有购买能力的顾客和企业。销售人员在明确了谁是目标客户后就要采用各种方式与之建立联系，并进行进一步的沟通。

1. 通过人脉找客户

每个人都有自己的人脉网（朋友、同学、老师、同事、亲戚、邻居等），销售人员可以将他们视为自己的准客户，通过不断的沟通以及拜访来推销自己以及自己的产品。

情景 024　视亲朋为准客户

销售人员：嗨，××，你最近在忙什么？好久没联系了。

朋友：是你呀，我现在在××公司做行政，你现在在哪里发财啊？这么长时间没有你的消息。

销售人员：不好意思，前段时间一直忙着找工作。我现在在××汽车交易中心做汽车销售，要买车就找我吧。

朋友：好啊，你都卖什么牌子的汽车啊？

销售人员：主要是 A 品牌，还有 B、C、D 这三个牌子。

朋友：喔，真不错啊。

销售人员：哈哈，老朋友，别忘了支持一下呀，你身边有想买车的别忘了推荐给我啊！

朋友：没问题，你的电话没变吧？

销售人员：没变。

朋友：好的，哪天去你那里瞧瞧去。

销售人员：好的，见面聊。

沟通技巧

★可将自己的亲朋好友纳入客户行列，通过主动联络、沟通，只要对方有需求，一般都会想到你。

★销售人员在销售时，要注意用爱心、真诚去打动身边的人，沟通时要讲究技巧，要做一个受欢迎的人，切不可死缠烂打，引起众人的反感。

情景 025　请朋友帮忙介绍

销售人员：老同学，真谢谢你的帮忙。

老同学：都是老同学了，客气什么。

销售人员：你这么支持我的工作，改天我要请你吃饭。对了，你在这个圈子里这么有名，再给我介绍几个客户吧。

老同学：没问题。××制衣厂最近要更新设备，你先到那里去看看。这是张厂长的名片，我跟她很熟，她会接待你的。

销售人员：好的，太感谢了！

沟通技巧

★通过朋友介绍客户，能够带来业务，这有利于增强销售人员的信心，克服销售心理障碍，因此销售人员（尤其是销售新手）应重点使用。

★朋友之间相互帮忙是常有的事，所以销售人员在通过朋友开发客户的时候可以用开门见山的方法，不要太客气，那样会显得生疏。

★销售人员应在适当的时机，以适当的方式答谢帮助过自己的朋友，以便让自己有更好的人缘、更多的客户。

情景 026　请求客户帮助推荐

通常，客户更相信来自已购买者的信息反馈，尤其是朋友的推荐。因此，销售人员可以通过现有客户来发展、挖掘潜在客户，然后再通过这些新客户来寻找其他潜在客户，不断扩大自己的客户群体。

销售人员：张经理，您好！上次的内训您还满意吗？

客户：很好，我们老板很满意。

销售人员：张经理，我们已经合作三次了，我很想知道您对我们服务的看法，以便我们改进工作！

客户：满意，非常满意。

销售人员：您的满意就是对我们最大的奖赏，谢谢您。同时也希望您能把我们的服务介绍给更多的人。

客户：没问题。我想想……你和赵总联系一下看看，他是我多年的朋友，最近听说也要组织员工培训，可能会有需要。

销售人员：赵总，好的，太谢谢您了。他的联系方式是？

客户：他的电话是……

销售人员：好，我记下了。不过，张经理，您能不能亲自给他打个电话，这样我打电话时，就不会显得太唐突。

客户：没问题，我等会儿打电话给他。

销售人员：谢谢您，张经理，您以后有什么问题，请随时打电话给我。

客户：好的。

沟通技巧

★通过客户拓宽销售渠道是非常有效的方法。

★请客户介绍新客户的方法叫做连锁介绍法，这是最有效的新客户开发方法之一，销售人员在使用时应注意以下几点：

1. 只有用你的真诚与服务赢得现有客户的信任，才能获得他们的帮助；
2. 应与现有客户进行有效沟通，了解未来新客户的一些信息资料，做好充分的销售准备；
3. 应以赠送小礼物、支付佣金等方式答谢为你介绍新客户的现有客户，建立良好的关系。佣金不必太多，礼物也无须太珍贵，能够表达真情实意即可。

情景 027　挖掘老客户的新需求

挖掘老客户的新需求，就是利用人们希望拥有更新、更高档商品的心理，对老客户进行二次销售，例如推荐新产品等。

销售人员：袁先生，您好！听说贵公司最近购置了一套最新的音响系统？

袁先生：是啊！想让员工在休息的时候听听歌，放松一下。

销售人员：您真是一位体恤下属的领导。音响效果怎样？

袁先生：非常好，感觉不错！

销售人员：那真是太好了！袁先生，我很佩服您的眼光，我公司最近新推出了一套音响系统，您愿意评价一下它吗？

袁先生：好啊，那你说说它的特点和性能吧。

销售人员：……

袁先生：听起来真不错，正好我朋友也要买音响，我帮你推荐一下！

销售人员：非常感谢！

袁先生：不过，小王啊，以后再有新产品及时告诉我一下，说不定哪天我家也想换新的了，哈哈！

销售人员：没问题，打扰您了，祝您好运！

沟通技巧

★利用客户希望拥有更新、更高档产品的心理，挖掘客户的新需求是销售的一个重要途径。只要自己的产品有变化（如功能提高、款式变化、价格调整等），销售人员都可以想办法与老客户联系，向其推荐。

★给客户推荐新产品时不要用侵犯性的语言，如“您购买的产品功能太落后了”“我有更好的产品提供给您”等，以免引起客户的反感。

2. 主动结识准客户

只要用心，销售人员随时随地都能发现准客户。销售人员应主动出击，通过各种方式结识准客户（如直接上门拜访、参加聚会等），这是快速增加客户数量的有效方法。销售人员运用此法能够迅速掌握客户的状况，便于以后的跟踪销售，同时也有助于提高自身的沟通能力，提升销售技巧。

情景 028 直接上门拜访

销售人员：您好，打扰一下，我是××科技公司的销售人员。

客户前台：你有什么事？

销售人员：我向贵公司推荐我们公司的专利产品“按摩靠垫”（说着，拿出样品），请您看看并试用一下。

（客户前台接过样品放在自己的椅子上试用，销售人员对产品进行如下简单介绍。）

销售人员：这款是我们公司的最新产品，它内置八个按摩球头，上、下各四个，可因人而异，根据人的背部倚靠力度和个人的背部形状特点准确地实施推拿、揉捏、指压、红外热敷等多种按摩手法，有助于促进气血循环，舒筋活络，解除背部肌肉的紧张感，改善新陈代谢。（顿了一下）我看贵公司的员工都是坐着办公的，久坐之后可以用它来舒缓身体、消除疲劳，而且它还有保健作用。

客户前台：感觉还不错，正好我们公司想购买按摩器具，你稍等。

（说完，客户前台拿着这款产品走向总经理办公室，过了一会儿，她请销售人员到总经理办公室与老总面谈。）

……

沟通技巧

★销售人员可带着商品直接上门拜访，通过让客户试用、辅助产品介绍吸引客户，引导客户需求。

★上门拜访的销售人员在沟通中要体现专业性，自我介绍、产品介绍等都要吸引人，这样才能快速引起对方的兴趣。

★言行要有礼貌，个人形象要职业化。

情景 029　留意身边

销售人员：大妈，您刚才说的那个人是谁啊？在咱们小区里住吗？

李大妈：你要干什么？

销售人员：哦，您别误会，我是销售健身器材的，就住在咱们小区的 38 号楼，刚听您说××是经营健身房的，顺便问问。

李大妈：喔，我说的是××健身俱乐部的老板。

销售人员：是他啊！原来他就住在咱们小区里啊！

李大妈：是啊，听说小区门前的那家店也被他承包下来了，要开分店了。

销售人员：是吗？太好了。大妈，您知不知道他的联系方式啊，我们公司的健身器材非常好，想推荐给他。

李大妈：这我可不知道了，不过那辆黑色轿车是他的。

销售人员：好，谢谢大妈。

沟通技巧

★销售人员从人们的闲谈中也能找到准客户。

★如果多加留意可能会发现准客户的信息就来自于同学、朋友、亲戚甚至是陌生人的闲谈中。销售人员一定要留心观察周围人的闲谈，充分捕捉其中的有效信息。

情景030　参加聚会

（某校在京同学会的聚会现场，大家互相问候、寒暄，交换名片，忙得不亦乐乎。）

同学甲：您好，您是哪一届的？

同学乙：我是2000届的，你呢？

同学甲：我是2002届的，您是学姐啊，以后还请您多多关照啊，这是我的名片。

（同学乙接过名片，认真看着。）

同学乙：北京××管理咨询公司，×××，咨询顾问，你很棒啊，这家咨询公司在国内很有名的。

同学甲：谢谢您的鼓励，哈哈，您在做什么？

同学乙：我在××公司的人事部工作，这是我的名片。

（同学甲一看，这位学姐是××公司的人力资源部经理，脸上露出会心的笑容。）

同学甲：遇见您，我今天是来对了，学姐，以后还得请您多帮忙呢。我这个部门是专做人力资源管理咨询的，今后如果您公司需要，可别忘记我啊。

同学乙：好啊，没问题。

沟通技巧

★同学聚会上，作为咨询顾问的同学甲结识了任人力资源经理的同学乙，作为同学、校友，以后同学乙的公司有需要，自然会想到同学甲了。

★作为销售人员，可通过参加同学会、校友会来扩大自己的人脉网。同学、校友们聚会，大家一定会谈论到工作，这样可以互通有无、互相帮助。

3. 其他开发客户方式

获得客户的方式还有很多，例如留意报纸、杂志等纸媒体上面的广告、信息，进行网络搜索，利用行业名录、大黄页等。另外，结识其他销售人员、查看本企业的历史客户资料等都是开发客户的有效方式。

在通过纸媒体、网络、名录等获得了客户信息后，接下来销售人员应如何与客户结识，如何打动客户呢？

情景 031　新媒体资源

销售人员：您好，请问是××公司吗？

客户前台：您好，这里是××公司前台，您是哪位？

销售人员：我是××楼市资讯杂志社的，请转你们的企划宣传部负责人。

客户前台：稍等。(电话转接中)

销售人员：您好，我是××楼市资讯杂志社的广告部，我叫王××，您是？

客户：你有什么事？

销售人员：先生，是这样的，我在微博上看到了贵公司在建楼盘的广告，想跟您联系一下广告方面的事情。

客户：将你们杂志的资料及广告的报价发给我吧，我们看看再说。

销售人员：这个没问题，我一会儿就给您发过去，您的邮箱是？

客户：你发到××这个邮箱吧。

销售人员：好的，五分钟后请您查收。请问您贵姓？

客户：我姓李。

销售人员：李先生，今天认识您真是荣幸，改天我一定登门拜访。我们的杂志是本地区楼市方面信息最全面、权威的专业杂志，可选择的广告形式亦有多种，您不妨考虑一下。

客户：好的，我先看看资料再说。

沟通技巧

★广告销售人员通过新媒体上的广告信息，获得了房地产开发企业的联系方式，并通过自己的努力获得了企划宣传部门负责人的姓氏、邮箱等关键信息，为下一步的销售奠定了良好的基础。

★通过此种方式开发客户，销售人员应注意事先做好充分准备，尽可能多地了解客户背景资料，以便在销售时快速拉近自己与客户的距离。

情景 032 利用大数据

销售人员：您好，请问是刘××先生吗？

客户：您好，我是。您是哪位？

销售人员：我是××儿童专业摄影公司，我们公司现推出了一份新的套餐，婴儿艺术照 16 张入册 298 元，并送宝宝照片光盘一张，7 寸、10 寸水晶各一个，价格很优惠。

客户：先等一下，你是怎么知道我家里有小孩儿的？

销售人员：您爱人怀孕期间在××医院参加“孕妇大讲堂”时，给我们填写过一份调查问卷并留下了联系方式，我们是××医院的下属机构，您不用担心，您的联系方式不会被泄露出去。

客户：哦，是这样啊。

销售人员：宝宝现在已经快一岁了吧？照一套周岁纪念照，留下宝宝的可爱笑脸，很有纪念意义啊！

客户：你们真细心啊，等我和孩子妈妈商量一下再说吧。

销售人员：好的，那我什么时候再跟您联系比较方便呢？

客户：明天下午吧。

销售人员：好的，感谢您对我们的支持，也祝福您的宝宝健康快乐。

沟通技巧

★儿童摄影公司的销售人员利用调查获得的客户信息与客户联系，针对客户的情况，挖掘客户的需求，并通过具有吸引力的沟通方式赢得了客户的好感。

★利用数据库、名录中的信息，针对有共同爱好和需求的人群来进行客户挖掘，这是开发客户的一个十分有效的方法（例如，订购篮球杂志的人可能会喜欢篮球鞋，购买汽车的人可能需要车载 GPS）。

第2节　寻找客户关键人

销售人员：张主任，您好！好久不见。

客户（面带尴尬之色）：你好，忘了给你介绍，这位是我们的办公室主任——刘主任。

销售人员：哎呀！刘主任好，今天能见到两位主任真是幸运啊。张主任，您今天叫我过来有什么事情吗？

（这时，旁边的刘主任开口了："你们先谈吧，我还有事情先出去了"，说完转身离开了。）

客户（生气地、大声地）：你怎么说话的啊？刘主任是刚提上来的新主任，你怎么能当着他的面叫我张主任呢，我只是助理呀！本来今天叫你过来是有大项目要谈，我向他推荐了你们公司，现在他走了，还谈什么？

（说完，客户也愤愤地走了，留下销售人员一个人尴尬地坐在那里。）

上面的场景，可能在很多销售人员身上都发生过。每一个销售人员都希望和那些真正有决策权的人物谈判，因而在开发客户阶段，销售人员要尽量弄清楚谁是业务的关联人，并尽量找到有权决定购买的决策者。

1. 用第三方

在难以找到企业客户中真正有决策权的关键人物时，销售人员可适度运用一些技巧，以获得与关键人物对话的机会。

情景033　通过熟人介绍

销售人员：您好，请问是刘总吗？

客户：我是，请问你哪位？

销售人员：我是××公司的业务经理，××的同学，上次和他见面知道我们公司开发了一款产品，他说您是这行业中的翘楚，又有非常丰富的实战经验，所以他让我与您联系的。

客户：哦，他呀，老朋友了，你把你们的产品资料发给我吧。我看看再说。

销售人员：没问题，我一会儿就给您发过去，您的邮箱是？

客户：你发到××这个邮箱吧。

销售人员：好的，五分钟后请您查收。

沟通技巧

★在这个注重人际交往的社会，有时销售人员通过同学、亲戚等熟人的引荐接近关键负责人最为有效。在接近关键负责人时直接说出推荐人，例如“是某研究院的某教授让我与您联系的”“李总介绍我来的”等，可以快速拉近与客户关键人的距离，更有望增加销售成功的概率。

★运用此方法时，销售人员应注意两个销售技巧，一是和客户谈熟人，因为这是对方感兴趣的话题；二是借熟人之口来赞美客户，这是客户喜欢听的话。

情景 034　利用领英人脉

销售人员：您好，我是××，来自中国北京，也是从事××行业的，我知道您是这行业的专家，因此想请教您一些问题，××是贵公司核心产品，请问是通过××平台采购吗？

客户：是的，我是在××平台采购，但是我们只采购高质量以及独特的产品。

销售人员：那您是否介意我给您“分享”一些我们的产品呢？事实上，我们是一家专业的××制造商，有××年的生产经验，也许我们可以为您做点什么。不知您是否感兴趣？

客户：好的，你说。

沟通技巧

★领英是致力于向全球职场人士提供沟通平台，协助全球职业人士发挥个人所长、打造专属人脉。上述销售人员利用领英上的搜索功能，获得到了客户的联系方式，并与之取得联系。

★运用此方法时，应注意以下技巧。

首先，在添加对方为好友时，在备注里可以填写推销除外的话题，若直接表明推销之意的话，多数会被拒绝。应先礼貌地问候，如“早上好/晚上好”，再简单介绍自己，告诉对方自己也在××行业，如“我叫××，来自××国家，我也是从事××行业”；再抛出一个问题，吸引对方兴趣，如“我有一些问题想请教您”；最后是礼貌地提出好友申请，让对方不忍心拒绝，如“您能接受我的邀请吗？提前谢谢”。

其次，添加成功后应注意以下沟通技巧。

技巧1：赞扬对方。如“我注意到您在××行业内非常具有权威性/专业性”。

技巧2：开门见山抛出问题，了解对方情况。如“××是您最优秀的产品之一，请问这些产品是否从××采购呢”。

技巧3：一气呵成，自然过渡到自己的公司和产品。如“如果是的话，您是否介意我给您分享一些我们的产品呢？事实上，我们是一家专业的××制造商，有××年的经验，也许我们可以为您做点什么”。

技巧4：末尾要抛出一个问题，给客户回复你的必要。如“您是否感兴趣呢”。

技巧5：沟通结束后，应语气谦和，让客户不反感。如“如果我的打扰给您带来不便，还请您谅解”。

2. 巧妙问询

寻找客户关键人物，除上述假借身份的方式外，销售人员还可以通过询问前台、客户企业的销售部门或其他不敏感部门来获得信息，请看下面的情景对话。

情景035　通过前台

销售人员：您好，请问是××公司吗？

客户前台：对，这里是总机，您是哪里？

销售人员：我是××公司的，我叫××。小姐，您贵姓？

客户前台：叫我小徐吧！

销售人员：小徐，你好！听你的口音是江苏人吧？

客户前台：是的。

销售人员：怪不得你的声音这么甜美！我也是江苏的，我还有好多江苏的朋友，她们个个长得漂亮，声音甜美。从你的声音来判断，你也一定很漂亮。

客户前台：您真会说话。

销售人员：有机会我约几个江苏老乡，大家认识一下，交个朋友，好不好？

客户前台：好呀，没问题。

销售人员：不过，今天我想先请你帮个忙。

客户：请说吧，什么事？

销售人员：我想向你了解一些情况，你们公司负责培训的是谁？

客户：是王经理。

销售人员：他的分机是多少？

客户：是……

沟通技巧

★上述销售人员在沟通过程中抓住前台的优点及与自己的共同点，迅速拉近了彼此的距离，并从她那里获得了关键人物的重要信息。

★销售人员问询前台时，应适当运用赞美、寻找双方共同点、给前台人员足够的关注等方式与她们建立良好的关系，这样就可以打开关键客户的大门。

情景036　通过销售部门

（一位销售人员拨通了××软件公司的电话。）

销售人员：您好，请问是张小姐吗？

客户：不是，我姓刘。

销售人员：对不起，刘小姐，麻烦问一下，关于产品销售方面的问题，我找哪一位比较合适呢？

客户：你找销售部的程经理吧！

销售人员：程经理，顺便问一下他的全名怎么称呼？

客户：他叫程杰。

销售人员：请问他的分机号码是多少？我记一下。

客户：是602，你直接打给他即可。

（不仅知道了前台的姓氏，还知道了该公司销售部负责人的名字及电话。）

沟通技巧

★任何公司都对自己的客户很重视，以与产品销售相关的理由打电话到销售部门，通常都会得到想要的信息。

★销售人员将电话打到销售部门，话题切入相对比较容易；公司的销售人员相对来说性格比较活泼、开朗，这也为轻松展开话题提供了基础。

情景 037　通过其他不敏感部门

销售人员：您好，请问人事部的王经理在不在呢？

行政人员：人事部经理不姓王。

销售人员：那人事部经理姓什么呢？

行政人员：他姓郭。

销售人员：对不起，我可能弄错了，他的分机号是 608 吧？

行政人员：不是，是 605。

销售人员：好的，谢谢你，我打给他。

沟通技巧

★上述销售人员通过行政人员找人事部门经理，很轻松就获得了其姓氏及分机；之后再与人事部经理联系，说明自己的业务，或许能够轻松获得帮助，找到自己要找的人。

★ 通过客户公司其他不敏感部门（人力、技术、行政后勤）来获得相关负责人的资料是一个非常好的途径，因为这些部门不是敏感部门，若销售人员请求他们帮忙，通常都能获得成功。

第 3 节　攻破秘书的防线

在很多地方，销售人员容易被认为是“麻烦制造者”，通常打电话预约拜访客户都会被拒绝，许多销售人员即使打了上百次电话，还是找不到要找的人，其中部分原因是客户的前台或客户关键人的秘书设下了防线，例如遇到下面的几种情况，销售人员就可判断对方是在撒谎。

☆ 每次致电，秘书总是建议你晚点儿再来电。

☆ 让你等了五分钟以上，还不让你与要找的人通话，实际上，对方是为了让你自动挂线。

☆ 秘书对你的询问很详细，目的是更加了解你的意图，然后找到拒绝你的更好的借口。

☆ 当你刚报上自己的名字或公司名时，秘书就立即告诉你，你要找的人在开会。

……

遇到上述情况，销售人员不要气馁，也不要一味地打电话，而是应该思考怎样突破这道防线，顺利找到自己想找的人。

1. 巧妙应付秘书的托词

托词，可以解释为借口，前台秘书经常以各种托词将销售人员挡在外面，如果销售人员不想办法解决，那么只能接连碰壁。

情景 038　经理在开会

销售人员：您好，我是××公司的小刘，能帮我接××经理吗？

秘书：您预约过吗？

销售人员：没有。

秘书：哦，那您找他有什么事呢？

销售人员：我在报纸上看到贵公司将在下半年新开三家分店，目前应该正在装修店面吧？我们公司批发高质量的办公配套设备，我希望能和你们经理谈一谈。

秘书：不好意思，经理在开会。

销售人员：那会议什么时候结束？我再联系他。或者我们先暂且定下会谈时间，迟一点儿再确认，如果××经理不同意的话也可以取消。

沟通技巧 038

★“经理在开会”或“经理外出”是前台秘书常用的托词，销售人员在听到此类言辞后，应准确判断其真实性。

★如果秘书以负责人开会或外出为由拒绝销售人员的请求，销售人员要紧跟着问清楚什么时候可以联系到负责人，最好能得到确切的答复，或约定确切的下次联系或见面的时间。

情景 039　请留下联系方式

销售人员：您好，我是小刘，上次给你打电话的那位。××经理现在在吗？

秘书：不好意思，经理现在不在。

销售人员：又不在啊，那什么时候能在呢？

秘书：请把您的联系方式留下吧，经理回来后我转给他。

销售人员：这个不用了，让经理主动找我太失礼了。不如您先告诉我什么时候再联系他比较合适，到时如果不行再约。

秘书：明天下午您打一个电话试试。

销售人员：好的，谢谢。

沟通技巧

★如果销售人员留下联系方式后等着客户主动联系，那么极有可能永远等不到电话。

★秘书让销售人员留下联系方式时，销售人员要判断这是否是缓兵之计。如果确定是托词就不要留下自己的电话，而应约好时间自己稍后再打过去。

情景 040　请发邮件或寄资料

销售人员：您好，我是××公司的刘×，请问××经理在吗？

秘书：您找他有事吗？

销售人员：听说贵公司正要采购一批电脑，我们公司是××品牌电脑在华北地区的惟一指定经销商。

秘书：哦，这样啊，您先将产品资料传真过来吧，我们经理看过以后会和您联系的。

销售人员：不好意思，我这里产品资料不太全了，还是约个时间由我自己来公司当面给××经理介绍吧。

秘书：很抱歉，我们经理很忙，两周以内的日程都安排满了。

销售人员：两个星期以后也可以，我只需要五分钟。

秘书：您可以先发一部分资料。

销售人员：也好，经理有没有E-mail?

沟通技巧

★“先将产品资料传过来”或“将产品资料寄过来”也是秘书的一个托词，如果销售人员真的把资料传过去，秘书又很可能以“我们老板正在关注”，或者“老板看过但不感兴趣”等为理由拒绝销售人员，而实际上那份资料经理根本没看过。

★遇到秘书向自己要产品资料时，销售人员如果确定这只是个托词就应策略回答或者要求当面介绍，否则可能无法再以介绍产品为由进行销售突破。

★如果要提供资料建议采用E-mail的形式，因为老板的邮件是不会经过秘书过滤的，这样沟通起来就少一道屏障。

2. 巧妙应对秘书的反对

秘书有时候对领导的决策能够起到关键作用，销售人员千万不要总是把秘书当成单纯的传话人。秘书不但负责过滤信息，还可能会替老板选择最有用的建议。因此销售人员在寻找客户关键人的过程中应想办法巧妙应对秘书的反对。

情景041　不需要

秘书：对不起，先生，我们现在真的不需要这种打印机。

销售人员：那么贵公司现在一天会打印多少份文件呢?

秘书：二百多份，现在配备的打印机完全可以应付过来。

销售人员：那经理是否也不感兴趣呢?

秘书：那当然。

销售人员：那经理有没有说不感兴趣的原因呢？是价格，还是其他服务?

秘书：都不感兴趣，很抱歉，以后我们有需要的时候再跟你联系吧，请留下联系方式。

销售人员：请等一下。你们用老式打印机一天打印二百多份，那我想了解一下失真率有多少？卡纸率呢？多长时间换一次墨盒呢？我想这个数应该不会小的。一天二百多份文件，您在等待上要花多少时间？我们这里有专门针对这个打印规模的 X 型打印机，价格非常经济，可以大大提高办公效率。如果您就这样拒绝我的话很可能会失去一个提高效率的机会。

秘书：好吧，请先给我发一个产品目录的资料，我看一下。

销售人员：不如我自己上门给经理讲解吧。

秘书：不必，经理很忙，这个事情我可以做主，或者您抽空过来一趟详细给我讲解一下。

销售人员：好的，您看什么时候合适？

沟通技巧

★遇到直接被秘书拒之门外的情况，销售人员千万不要惊慌，而应想办法多与秘书交流，多谈一些产品的特点等，因为这种情况也从侧面说明了秘书的决定权比较大。

★销售人员在电话中与秘书交流时，应多讲一些关键问题，尽量说清你的产品会给对方带来哪些利益；如果是发邮件不要写得太详细，因为如果对方已经掌握了所有有用的信息，就会打消面谈的念头。

情景 042　预算不足

销售人员：您好，我是××电脑公司的小刘，想找你们经理。

秘书：什么事情？有预约吗？

销售人员：我们这里新进了一批商务用新电脑，你们老板可能会有兴趣。

秘书：我们暂时不需要。

销售人员：请帮我接你们老板，他一定会对这个产品感兴趣的。

秘书：没有必要，这个事情你找我说就行了，老板很忙，没有时间。

销售人员：好吧。据我所知贵公司的电脑已经用了很长时间，出故障的频率很高，而且都已过了质保期，是该考虑一下更新一批设备了。

秘书：我们的办公预算已经都安排完了，没有额外的资金去添置新设备。

销售人员：那什么时候会有新的预算下来呢？

秘书：大概两个月以后吧。

销售人员：好吧，我给您提供一个样本的规格，现在不买也没关系，两个月后我再和您联系。

秘书：可以，两个月以后再说。

沟通技巧

★如果秘书以“预算”为借口拒绝，销售人员就要及时弄清新的预算什么时候产生。

★ 知道新的预算什么时候定下来是非常重要的，起码销售人员知道了什么时候潜在的客户可能会对自己的产品感兴趣。但要注意的是，在客户新的预算还没有出来之前，销售人员就要跟客户进行接洽，让客户了解自己的产品及价格，这样有助于自己的销售。

Chapter 3

第3章 预约客户

预约是拜访客户的前奏，在预约时除应注意必要的礼节外，销售人员还应做好预约拜访准备，与客户讲清楚必要的面谈内容等；同时在沟通过程中，销售人员还应注意激发客户的兴趣，让客户期待与你的见面。

第 1 节　预约拜访准备

1. 确定拜访时间

确定拜访时间非常重要，恰当的时间选择可以让销售人员的拜访事半功倍。

约定拜访时间的原则如下：

1. 尽量尊重客户的时间，事先了解客户的作息时间和上下班活动规律，避免在客户最忙的时候约见。

2. 在客户的时间与自己的时间发生冲突时要巧妙安排自己的时间，不要迟到。

3. 根据不同的拜访目的选择见面时间，例如，如果只想初步认识一下，则越早见面越好。

情景 043　尽量尊重客户时间

销售人员：您好，请问××女士在吗？

客户：我就是，你是哪里？

销售人员：××女士，我是××公司的销售人员×××，最近我公司新推出了一款产品，很想介绍给您，不知您这星期哪天时间方便，我去拜访您？

客户：这个星期我很忙，没有时间。

销售人员：那我下周一的下午 3 点去拜访您，您看方便吗？

客户：不行，每周一都是我最忙的时候，下周二下午吧。

销售人员：下周二下午我已经约了客户，上午可以吗？

客户：那好吧，暂时定这个时间吧，不过你来之前最好给我打个电话。

销售人员：好的。

客户：那就这样了，再见。

销售人员：好，我们见面聊。也谢谢您给我这个机会，再见！

沟通技巧

★销售人员一定要尽量尊重客户的时间，避免在客户最忙的时候约见。

一个简单的方法是了解客户的职业特点以及作息时间特点，约在客户空闲的时间见面。例如，与企业负责人见面最好约在上午10点以前、下午4点以后；与零售商见面最好约在上午8点到10点之间；与政府职员见面约在上午10点到中午、下午5点到5：30等。

★当客户时间与销售人员的时间发生冲突时，销售人员要尽量迁就客户的时间。如果销售人员与另外的客户已有约定，要如实对客户讲清楚，改约其他时间。

情景044 自己巧妙安排时间

销售人员：您好，请问××先生在吗？

客户：我就是，你是哪里？

销售人员：××先生，我是××公司的销售人员×××，主要销售××牌打印机等办公设备，很想把这些产品介绍给您，您周三上午方便吗，我去拜访您？

客户：这个星期我很忙，没有时间。

销售人员：您这周很忙，那我下周二的下午3点或者下周三上午10点去拜访您，您看哪个时间更合适呢？

客户：那你就下周三上午10点过来吧。

销售人员：好的。

沟通技巧

★与客户确定见面时间时，销售人员要尽量为客户着想，最好先由客户确定或由客户主动安排时间，在适当的时候销售人员也可巧妙地确定时间，如给出两个时间让客户选择。

★当客户很忙时，销售人员还可将时间提前，例如客户说下周没时间，如果自己时间可以的话，销售人员就可向客户建议：“那您看这周五下午怎样？”

情景045 初次见面越早越好

销售人员：您好，请问您是××先生吗？

客户：我是，你是哪里？

销售人员：××先生，您好，我是××公司的销售人员×××，是××公司赵经理推荐我跟您联系的。我公司主要是做员工户外拓展训练的，很想与您见面聊聊。

客户：你们和赵经理有合作？

销售人员：是的。我们在他们公司的员工培训项目刚结束，我们和赵经理一直有合作关系。

客户：是这样啊。

销售人员：××先生，能否占用您一点儿时间与您面谈呢？

客户：可以。

销售人员：那您今天下午有时间吗？几点方便呢？

客户：你下午 4 点到我办公室吧。

销售人员：好的，见面后再详聊，再见。

沟通技巧

★与新结识的客户约见面，时间越早越好，应让客户尽早地了解你以及你的产品。

★在与客户预约时，销售人员应注意根据不同的拜访目的选择见面时间，如果见面是要解决客户的问题要越早越好，如果客户对销售人员的产品不感兴趣则要在激发客户的兴趣后再择机面谈。

2. 确定见面地点

预约拜访客户，销售人员可根据拜访事项、拜访目的的不同而选择不同的地点。办公室、公共场所、客户家里、展会等都是可以选择的。销售人员应遵循的一个原则就是："方便客户、利于销售。"

情景 046　约在办公室

销售人员：刘经理，您好。我是前几天给您打电话的那个小王。

客户：哦，我记得。

销售人员：不巧前几天您出差在外。是这样的，我们公司经销优质的办公座椅，不知道您有没有兴趣？

客户：你那里都是什么样的座椅？具体什么样子的？

销售人员：这样吧，刘经理，您看咱们约个时间我去您办公室给您亲自讲解一下好吗，顺便带几张实物图片给您。

客户：好的，你明天上午9点到10点之间来我办公室吧。

销售人员：好的，谢谢刘经理。

沟通技巧

★选择客户办公室作为约见地点，双方能够有足够的时间来讨论问题、达成共识。和利益相关方的会面，有利于销售的达成。

★销售人员应注意：在客户的工作地点见面容易受到干扰，因而要注意提高效率，充分利用时间，同时应设法让客户集中注意力。另外，若客户委托其助手与销售人员见面，销售人员首先必须取得助手的信任与支持，尽量通过他们来影响决策者作出决定。

情景047　约在客户家里

销售人员：刘经理，关于那批货的事情我去跟您确认一下吧。

客户：不用了，你是我老同学推荐的肯定错不了。我比较忙，你直接和秘书谈就行了。

销售人员：不好意思，打扰您了，可是有些事情我怕秘书也做不了主，到时候还要劳烦您，为了不耽误时间我看还是和您详细说一下吧。您看这周末有没有时间，我和王经理，就是推荐我的那个王经理，我们一起去拜访您怎么样。

客户：也好，你们一起来我家吧。

销售人员：太好了，那我们见面聊。

沟通技巧

★在客户居住的地方见面是不错的选择，不过这要看客户的意愿，如果客户是私营企业主或某单位的管理高层，在其家里见面更容易营造良好的气氛。

★如果没有和主人关系良好的第三方参与，销售人员贸然要求去客户家里拜访，十有八九会被拒绝。销售人员如果有意到客户家拜访，最好有第三方作陪，这会令气氛更融洽，往往能有所收获。

情景 048 约在公共场所

美国著名的营销学家斯科特·卡特利普曾说过这样的话："最好的推销场所，也许不在客户的家里或办公室里，而是在午餐会、网球场或高尔夫球场上，在这些地方，对方更容易接受你的建议，而且戒备心理也比平时淡薄得多。"

销售人员：王总您好，我是××公司的李刚，我刚接替上一个销售人员给您提供产品服务，请多指教。

客户：你好，以前和你们公司合作都很愉快，希望今后也能顺利合作。

销售人员：您看这周五晚上有没有时间，我们谈一谈下期合作的事情。

客户：唔，这个嘛，你来我办公室吧。

销售人员：您周五会很忙吧？要不这样吧，我们去您楼下的咖啡厅坐一坐。

客户：哦，也好，我也不想我们的谈话被打断。

沟通技巧

★与客户见面，销售人员可以把公共休闲场所作为见面地点，如茶馆、咖啡厅等，切记不要把见面地点安排在太嘈杂或者来往人员太多的地方。

★销售人员还要注意客户的性格特点，对于那些不爱社交又不愿在办公室或家里会见销售人员的客户，可选择公园、茶馆等公共场所作为见面地点。

情景 049 约在展览会上

销售人员：张总您好，我是××公司的李娜，您还有印象吧？

客户：你好。你不是《××杂志》广告部的吗？

销售人员：对！谢谢您记得我。9 月 20 日在国展有一个秋季房展会，贵公司参展吗？

客户：参展，我们的展位在一层。

销售人员：那太好了，到时候我一定去拜访您。我们杂志是这次展会的主要宣传媒体之一，我们也会参展。之前我们一直都是电话联系，这回就能见到您本人了，真高兴啊。

客户：好，到时候你到我们的展位找我吧。

销售人员：没问题，谢谢您！

沟通技巧

★如果自己的公司参加展会，销售人员可以邀请客户到现场参观，这样能够收到事半功倍的效果。

★如果客户也参加展会，销售人员最好去拜访客户，这能给客户以亲切感，有利于增强客户对销售人员的好感。

3. 确定拜访事项

明确拜访事项，让客户心里明白约见是为了解决一个问题，从而能提前准备一些有针对性的问题，这会让客户对约见产生期待。因此，销售人员需要做的就是在预约时向客户说明自己的拜访目的，并激发客户的兴趣，以此让客户同意面谈。

一般情况下，销售人员可使用以下理由成功约见客户。

1. 初访时不留名片或者故意忘记向客户索取名片，以此作为下次拜访的借口。
2. 在拜访时故意不留下任何宣传资料。
3. 亲自送达另外一种资料或将自己收集的有关资料送给客户参考。
4. 借口路过此地，特地登门造访。
5. 就一个问题请教客户。
6. 陪同新同事或直属上司一起拜访。
7. 逢年过节送上小礼物或以客户生日、结婚等纪念日为由前去祝贺。
8. 拟订新的计划，提供客户所需。
9. 赠送本公司发行的刊物。
10. 公司举行说明会、讲座、联谊会时特别邀请。
11. 在市场突然公布消息时给予第一手资料。
12. 提供相关行业的资料给客户参考。
13. 提供特别优惠或特卖方式。
14. 发放客户问卷调查表。

以上理由，销售人员可以根据客户的不同情况选择使用。下面给出一些示范场景对话供读者参考。

情景050　认识新客户

销售人员：您好，请问李总在吗？

客户：我就是。

销售人员：李总，我是××公司的小王，您最近来信询问××型产品，我很高兴能为您介绍我们的产品并对您公司有所帮助，请问您现在方便谈话吗？

客户：可以，请讲。

销售人员：能否先请您告诉我，现在贵公司××型产品情形如何，还有您为什么想要了解我们的产品？

客户：我们让员工自己操作××型机器，老是搞得一团糟，许多机器都损坏了，所以我想了解一下××型产品的厂商……

销售人员：李总，我们绝对可以让贵公司所有员工都感到满意，而且提供安装维修服务。不过，我可不可以提个建议？

客户：当然。

销售人员：如果您方便的话，我想登门拜访，跟您详细解说，这样您可以对我们公司及我们的产品有更清楚的了解，这些在电话上不容易说清楚，您觉得这样如何？

客户：要多长时间？

销售人员：不会超过30分钟。如果可以的话，我等一下就过去拜访，或是明天，您什么时候方便呢？

客户：我看明天下午3点好了。

沟通技巧

★电话约见的时候由于时间有限不可能长篇大论，所以要在短时间内抓住对方的兴趣。销售人员在确定拜访事项的时候一般应先从最重要的问题开始说，剩下的看时间而定。

★初次拜访，销售人员要将见面时间尽量提前，让客户尽快认识、了解自己，抢占先机。

★与陌生客户第一次见面，可以把“认识”、“介绍自己”、“投石问路”

等作为拜访目的。

情景051 约见对销售起作用的人

销售人员：您好，请问是××吗？

客户前台：是的，什么事？

销售人员：您好！我是××公司的××，有件事情想麻烦一下您。我们公司是国内最专业的人力资源管理培训机构，很想与贵公司谈谈合作的事情，但是我们不太清楚与谁谈比较合适，您能指点一下吗？

客户前台：您找人力资源部。

销售人员：顺便请教一下，人力资源部分机是多少呢？哪位负责呢？

客户前台：我给你转过去吧。

销售人员：也好，谢谢。

沟通技巧

★对于那些将来可能对自己销售起作用的人，亦可约他们见面，并应尽力把“美好印象”留给对方，以便日后的接触，或者由他把你推荐给相关负责人等。

★预约客户前，销售人员最好在电话中问清楚要找的人的姓名、职务、性别等，试想，如果电话转过去，接电话的人听到“王经理，您好”是什么感觉呢？肯定比“请问您是人力资源部的王经理吗”效果好。

★上述对话中，前台说“我给你转过去吧”，遇到这种情况，销售人员要小心了，因为这个电话不一定转给了谁，可能是人力资源部经理，也可能是普通职员。但不管怎样，在不知道对方姓名的情况下，与对方通电话，并不是一件好事情。这时候可以有两种选择：一是放下电话，从其他渠道获得相关人员的姓名后，再打过去；二是继续打电话，但这时要冒一个风险，万一是负责人接起电话，就不太合适了。

情景052 就合作细节进一步磋商

销售人员：李总，您好！我是昨天给您打电话的小李。合作建议书我昨天晚上就给您发过去了，您收到了吗？

客户：收到了。

销售人员：您觉得怎么样呢？还有需要修订的地方吗？

客户：挺不错的，不过我还得跟相关部门负责人再商量一下。

销售人员：谢谢您的认可！您安排什么时间与他们商量呢？如果方便的话，到时我也想参加，这样能够及时解答各位提出的问题，您看可以吗？

客户：嗯，这样也行，那就周三上午10点吧。

销售人员：好的，没有问题。

沟通技巧

★在初次谈判后，客户有时候要考虑一段时间或与相关人员商议一下，这段时间里客户反悔的可能性很大，所以，销售人员要及时回访，以便及时掌握情况。

★约见客户进行进一步的谈判，或就某个细节进行协商是非常好的约见理由，这样做能够给客户施加压力，促成交易，还能体现出销售人员的热情。

情景 053 售后服务的回访约见

销售人员：王先生，我是××机械设备公司的小王，您公司购买的××生产设备已经投入使用了吧，有什么问题吗？

客户：还好，就是有的工人操作还不熟练，另外，他们还提出了一些问题。

销售人员：是这样啊。今天我也正要跟您预约，作为售后服务的一部分，这周四下午我与公司的技术顾问到您公司拜访，给您的员工进行操作指导并讲解设备维护方面的知识。

客户：那太好了！

销售人员：不过还得麻烦您到时候安排一下，并收集一些有关这套设备使用方面的问题，到时候我们的专家会集中解答。

客户：好啊，非常感谢。

销售人员：不客气，您满意就是我们最大的安慰。

沟通技巧

★售后回访的主要目的是解决客户的问题，包括提供技术培训、解决出现的问题、提供维修服务等，不过，此类回访一定要及时。

★交易之后的回访可以提高客户的满意度，客户可能由此进行重复购买或继续购买其他周边产品，所以销售人员在成功交易后应及时预约回访。

情景 054　联络感情、表示感谢的约见

销售人员：您好，请问是马经理吗？

客户：是的，什么事？

销售人员：马经理您好，我今天打电话给您是专门感谢您的。

客户：感谢我什么？

销售人员：感谢您的支持，使我成了这个月的业绩冠军。为了向您表示感谢，我与公司老总商量过了，决定送贵公司一个月的免费网站宣传。

客户：真的呀！谢谢。

销售人员：这样吧，我明天特意到贵公司来一下，我们仔细商量一下，看看怎样做会令您满意，好吗？

客户：好的。

沟通技巧

★销售人员因为客户的合作使自己在某方面取得进步时应及时向客户表示感谢，并可借此增加与客户见面的机会，因为一般人接受了感谢都不会拒绝接下来的见面。

★代表个人的感谢，销售人员在表达时可以随意一点儿，突出私人感情，不用过于拘谨，这样会增强与客户的亲近感。

第 2 节　应对客户的拒绝约见

销售人员约见客户被拒绝是常有的事，所以不要因此而沮丧、放弃，应该积极寻找各种解决方法，突破拒绝这道防线。

1. 开门见山，吸引对方注意

约见客户的时候被拒绝是让人很头疼的事情，销售人员在遇到这种情况时，最好的办法是在短短数秒内提起对方的兴致，吸引对方的注意。

情景 055　没时间

客户：我很忙，没有时间。

销售人员：我也很忙，不过我只需要占用您三分钟时间。

客户：我没有时间和你说话，我告诉你，我的时间就是金钱。

销售人员：您的事业做得很大，每分每秒都很重要，这我能理解。可是您说时间对于您来说就是金钱，那我们一起来算笔账，我买您三分钟时间，您开个价，您三分钟值多少钱？

客户：好吧，我就给你三分钟时间，看你能说什么？

销售人员：既然您答应给我三分钟时间，我希望您停下手中的任何事情，用心听我说。如果三分钟之内，您还是觉得我说的事情没有价值，您就挂断电话，我也从此以后不再打您的电话。

客户：那好，你说吧。

沟通技巧

★客户没兴趣当然就“没时间”，一旦兴趣来了，时间自然就有了。因此当遇到客户说“很忙”“没时间”时，销售人员应快速抓住其兴趣点所在，激发其兴趣。

★很多时候，客户以没时间为由拒绝见面，此时销售人员要想办法突破这个障碍，多设想一些应对办法，并根据客户的语气、实际情况等选择使用。

★常见应对语言：

我理解，我也老是时间不够用，不过只要三分钟……

先生，美国富豪洛克菲勒说过，每个月花一天时间在钱上好好盘算，要比整整30天都工作来得重要！我们只要花25分钟的时间！麻烦您定个日子，选个您方便的时间！我星期一和星期二都会在贵公司附近，所以可以在星期一上午或者星期二下午去拜访您。

情景056　索要微信

销售人员：下午好，×经理，我是××公司的销售人员，我叫×××，我们公司刚开发出一系列有效的培训课程，对于提高公司员工的职场素质及工作效率大有好处。如果您有兴趣，我想与您约个时间仔细谈一谈有关情况。

客户：对不起，我现在很忙，你先把课程简介传给我吧。

销售人员：×经理，我知道您的时间很宝贵，也很忙，即使我现在把资料传给您，您也可能需要花10分钟的时间来了解，而且课程的介绍资料无法完整地表达出我们课程的真正优点，明天我刚好会经过贵公司附近，我想把这些资料亲自送到贵公司，而我也只需要占用您10分钟的时间来向您作一个详细的介绍。我想这或许才是最节省您时间的方式，您明天上午或者下午哪个时间段会在公司呢？

沟通技巧

★索要资料往往是打发销售人员的借口，任何精美的资料都不如面对面交谈有效，对方索要资料时，销售人员一定要继续争取面谈的机会。

★对于客户说将资料传过来，销售人员常用的沟通语言如下。

先生，我们的资料都是精心设计的纲要和草案，必须配合人员的说明，而且要针对每一位客户的情况再做修订，等于是量体裁衣，所以最好是我星期一或者星期二过来看您，您看是上午还是下午？

先生，没有问题，稍后我会将资料发给您，您先大致了解一下。我在周三下午再给您打电话或者您看什么时候方便，我过来给您讲解一下。

2. 虚拟场景，引导需求

情景 057　没必要购买

销售人员：太太，我们给小孩子推出了新的未成年保险，我改天去拜访您，给您介绍一下好吗？

客户：我觉得我现在没必要买。

销售人员：凡事总是未雨绸缪的好呀！太太，您还记得吗，小宝宝刚出生时不是收到了很多亲友送的衣服吗？

客户：是啊！当时收了那么多！

销售人员：其中不是有 6 个月、1 岁或 2 岁才能穿的衣服吗？当时您不是觉得不知什么时候才能用得上呢，可是转眼之间，那些衣服不是都不能穿了吗？

客户：是啊，时间过得真快！

销售人员：太太，请您闭上眼睛回想一下，小宝宝从会爬到站起来，蹒跚地走出人生的第一步，似乎才是昨天的事，可您看他现在叫起爸爸妈妈来多叫人疼爱。再过不久他就要背着书包上小学了，别说还早，趁现在保费较便宜，先准备一些教育基金，将来孩子一定会感谢您为他设想得细致周到。

销售人员：买保险永远不嫌太早，只怕您买的不够，就像大人穿小孩衣服不够大一样！

客户：那好吧，你明天上午过来吧。

沟通技巧

★保险推销员为妈妈描绘了一个宝宝成长的场景，让妈妈回想起自己宝宝的成长历程，感受时间的飞逝以及为宝宝购买保险的重要性，进而引起妈妈的兴趣，打消其顾虑。

★用引导的方法让客户进入一个虚拟的情境，然后让对方感觉到某种需求的急迫性以及购买的必要性，这是销售中常用的办法，销售人员可以通过这种方法消除客户的顾虑。

情景 058　新换了负责人

新上任的负责人会十分谨慎，由于他首先要了解市场行情，所以在此期间他一般不会轻易与不熟悉的供应商打交道，而是会尽力吸取前任的教训来做好工作，同时他也会尽力与信用良好的供应商巩固关系。如果销售人员能掌握新负责人的这种心理，彼此之间的合作前景会很乐观。

销售人员：李先生您好，我是××公司的小陈，我知道贵公司这个季度有新的采购项目，我们找个时间谈谈好吗？

客户：陈先生，真对不起，我刚接手这个部门的工作，我现在还不能联系新的供应商，请您下季度再同我联系。

销售人员：李先生，您刚接手这项工作，我完全理解您的困难。我知道您一定要先联系原有的供应商，但有一点请您注意：我们现在有一批新式丝巾，是由著名设计师设计的。我们在欧美等国的时装杂志上登了广告，销路很好，我想您应该赏光来看看，这样当您以后采购货品时，就会有个比较。您明天有时间吗，我约您？

客户：不必了，谢谢，我还是准备先稳定一下，维持老供应商。

销售人员：但是您可能会因此失去一些改变的机会，旧的供应商是不可能给到这个折扣的。新官上任三把火，您不想在采购的成本、货品的品种等方面做一些改变吗？还有，我知道你们的订单都是一签一年的，您可以和我每半年一签，这样也降低了您的风险，我非常想争取到与您合作的机会。

客户：哦，让我想想……那你明天下午直接过来吧，带上几个样本我看看。

销售人员：好的，谢谢李先生了。

沟通技巧

★给客户一个购买的理由，替客户说出心中所想或设置一个与其相关的场景，客户会因你的设想而愿意与你交谈。

★新官上任总是要做出一些改变，对于销售人员来说，这是一个很好的进入机会。销售人员在预约见面的时候要多讲一些合作的好处，让对方觉得有必要见面谈一谈。

3. 不管怎样，先见个面

遇到客户以资金紧张为借口拒绝见面或者总是推脱面谈的情况，销售人员应该想办法与客户尽早见面，因为只要见面能够聊一聊就有合作的机会。销售人员切不可因为客户的推脱而放弃自己的销售计划。

情景 059　资金紧张

由于预算紧张而放弃购买的客户最可能成为下一个客户。销售人员不能因为这次对方没有资金支出的计划就放弃，而是应该主动和对方沟通，介绍自己产品的优点，就算客户这一次确实无力购买，下一次也会把销售人员推荐的产品列入考虑范围。

销售人员：李先生，我的这个合作方案能给您带来很大的利润空间，要不我们明天约个时间，我去给您详细讲一下。

客户：真对不起，你们的产品听起来确实不错，但我们已经花完了本季的预算，请秋季再同我联络吧。

销售人员：李先生，真遗憾同您联络得太晚了。不过最近我们将在报刊和电视上登广告来进行产品宣传，而且如果我们达成合作，您公司的名字也会在广告中出现。我们去年开发的这种宣传方式极为成功。

客户：唔，那么秋季还有这种宣传赠送吗？

销售人员：很抱歉没有了，这个广告持续两个月，怕是到不了下一季度就结束了。

客户：那你们可不可以把我们公司的账期拖长一点儿。

销售人员：这个怕是不行，我说了不算的。

客户：那就没有办法了，如果按照老账期我们的预算就不够了。

销售人员：这样吧，我去上级那儿申请一下，不过我们公司延长的账期最多也就是两个月，没有更长的了。

客户：两个月也行，你只要能申请到两个月的延长账期我就能抽出资金采购你们的货。下周一下午你过来一下，好吗？

销售人员：那好，谢谢您。

沟通技巧

★销售人员不要被客户的“资金紧张”借口吓退，因为无论客户预算如何紧张，如果愿意的话总是能挤出额外资金的，因此销售人员要想办法尽快和客户见面。

★遇到客户说“资金紧张”时，如果这个客户的信用、经营状况和社会口碑都比较好，可以在账期、付款方式等方面予以适当让步。

★遇到客户以“没钱”“资金紧张”为由拒绝见面时，销售人员可以如下方式应对。

先生，我知道只有您才最了解自己的财务状况。不过，全盘规划对将来才会最有利！我可以在星期一或者星期二过来拜访吗？

我了解，谁都会有资金短缺的时候，正因如此，我们现在开始选一种方法，用最少的资金创造最大的利润，这不是对未来的最好保障吗？在这方面，我愿意贡献一己之力，可不可以下星期三，或者周末来拜访您呢？

情景 060　负责人不在

销售人员：您好，刘经理在吗？我是××公司的小陈。

客户：我们领导不在，出差了！

销售人员：那他什么时候回来？我有一份合同在等他确认。

客户：不清楚，你先把资料寄给我们吧。

销售人员：先生，我们的资料都是精心设计的纲要和草案，必须配合人员的说明，而且要针对每一位客户进行修订，所以，最好是我亲自给你们送去，我下周再给刘经理打电话约一下时间吧。

客户：我可说不准他什么时候回来，你要等的话可不知道要等到什么时候了。

销售人员：您有没有他的手机号？

客户：这个我也不知道。

销售人员：其实是这样的，我们这边最近有规定，月底之前订购的话可以给予一定优惠，请转告刘经理，看他是不是有兴趣节省这笔钱。

客户：哦，刘经理明天可能会给公司打电话，你说的这个情况我可以给你转达一下，你后天再打个电话过来吧。

销售人员：好的，非常感谢。

沟通技巧

★无论客户方的负责人在还是不在，销售人员都要主动预约下一次打电话的时间，这不仅表示了自己的热情主动，而且还可以防止被敷衍了事。

★与此借口相关的还有“你先不用过来，过段时间我们会与你联系”、“我再考虑考虑，然后给你电话”等。

★遇到此类拒绝见面的借口，销售人员一定要约定具体的时间，不要用“等有时间……”“之后……”“过几天……”等虚词，否则下一次电话还可能被拒绝。常见的应对语如下。

先生，其实相关的重点我们不是已经讨论过了吗？容我坦率地问一下：您顾虑的是什么？这样吧，我明天下午正好在您公司附近，也过去看看您，顺便带一个样品给您。

先生，也许您目前不会有什么太强烈的意愿，不过，我还是很希望您能了解，一旦能参与这项业务，您会大有收获！

您看这样会不会更简单些？我星期二下午晚一点儿的时候给您打电话，或者您觉得星期三上午如何？

情景 061　我们再商量一下

销售人员：张总，您好！我是小王，××机械设备公司的销售人员。

客户：喔，听出来了。

销售人员：张总，上次我给您提交的那个采购建议书您觉得怎么样？我想今天下午到您公司再具体商谈一下合作细节。

客户：建议书很好，不过要作最后决定的话，我还得跟合伙人商量商量。

销售人员：好的，我们什么时候可以跟合伙人一起谈？

客户：我安排一下，到时候给你电话。

销售人员：也好，这样吧，您工作繁忙，还是我明天上午跟您联系吧，确定一下具体时间。

客户：好吧。

沟通技巧

★案例中，销售人员提出与客户的合伙人一起谈，化解了客户的拒绝借口，同时为成功销售创造了很好的机会。

★“得和合伙人商量一下”“我们再商量商量”“我得回去跟太太商量一下”等，可能是客户拒绝销售人员的借口，也可能事实确实如此，因为作决策不是一个人的事情。对此销售人员要根据具体情况采取应对办法，如要求与客户的合伙人面谈、约客户及其太太一起进餐顺便谈合作等，不管怎样，与关键客户要见面，这样才更有可能成功。

★遇到此类拒绝见面的借口，常见的应对语如下。

先生，我们什么时候可以跟您的合伙人一起谈？

好，先生，我理解。可不可以约夫人一起来谈谈？约在这个周末，或者您方便的哪一天？

情景 062　我真的不感兴趣

销售人员：孙总，您好！我是××公司的测评顾问小于。

客户：你好，你有什么事？

销售人员：我想给您介绍我们的人才测评系统。您看什么时候方便，我过去给您介绍并现场演示一下我们的产品。

客户：这个以后再说吧，我目前对这个不感兴趣。

销售人员：这我完全理解，先生，对于一件听起来乏味的事情，您当然不可能立刻产生兴趣，有疑虑、有问题是合情合理的，让我为您解说一下吧，您看星期几合适呢？

客户：这个系统对我有什么用呢？

销售人员：用处很多。通过此系统对应聘人员进行评测，初步筛选合适人选，能节约您的面试时间；现有人员是否人适其岗也可以通过这个系统测定。好处太多了，电话里也说不详细，还是我过去给您讲解一下吧！

客户：听起来倒是不错。

销售人员：而且，我们有试用版，您可以先试用，体验一下轻松的人力资源工作。

客户：好吧。

销售人员：那您看什么时候方便？

客户：明天上午10点吧。

沟通技巧

★如果客户对你的产品不感兴趣，销售人员可以在初次交谈中阐明产品的特性、能够给客户带来的好处等，以此吸引客户，激发出客户的兴趣。

★遇到此类拒绝见面的借口，常见的应对语如下。

先生，您现在没兴趣并不代表您将来也没兴趣。您先比较一下，看看我们的供货方案是否与众不同，是不是可行。我星期一还是星期二过来？

我非常理解，先生，要求您对不了解的东西产生兴趣实在是强人所难，正因为如此，我才想为您亲自说明。星期一或者星期二过来拜访您，可以吗？

Chapter 4

第 4 章

拜访客户

在成功约见客户之后，销售人员要为拜访客户这个环节做充分的准备，以便给客户一个良好的印象。对需带的销售工具、谈话内容，甚至见面时的寒暄、开场白等都应该根据拜访目的及客户的具体情况进行精心设计。总之，付出就会有回报，销售人员用心了，获得成功的可能性就大了。

第 1 节　见面寒暄

寒暄语或客套话的使用应根据环境、条件、对象以及双方见面时的感受来选择和调整，没有固定的模式。寒暄语有多种类型，不同的情景需要不同的寒暄语。

1. 问候式

销售人员在拜访客户时，适当地问候对方可以拉近彼此的距离，但要注意，问候时要考虑对方的地位、彼此认识的时间、关系远近、对方的性别、年龄及问候场合等。如果是非正式场合，和客户的关系比较近，认识时间也比较长，年龄相仿，这时可以相对随意一些。但如果客户职位很高，也比自己年长，或者初次见面，并且在正式场合等，在这些情况下问候语要得体，不然会让人觉得无礼。

情景 063　正式场合的问候

销售人员：王总，上午好。

客户：上午好。

销售人员：您现在有时间吧，我想用五分钟给您大概讲一下我们公司产品的情况。

客户：好的，开始吧。

沟通技巧

★在正式场合或针对初次见面的客户，最好用正规的问候语，例如“您好”“上午好”等。

★销售人员在正式场合，要注意自己的言谈举止，语言要礼貌、言必由衷，要把握好分寸，以为彼此的交谈创造融洽的气氛。

情景 064　表示想念的问候

销售人员：王经理啊，好久不见了，您最近怎么样啊?

客户：还是老样子。

销售人员：这么久不见真有点想您呢。

客户：呵呵，谢谢你了。

销售人员：我们来谈谈下季度的采购吧。

客户：好的。

沟通技巧

★表示想念的问候语常用于与客户有一定交情的情况，常用的有“好久不见，你近来怎么样”“多日不见，真有点想您了”等。

★销售人员在与客户寒暄时，表示思念的话语不可太过夸张，而且应注意对象，异性之间应少用。

情景 065　表示关心的问候

销售人员：李老板，最近生意好吗？还算顺利吧？

客户：托您的福，还过得去啦。

销售人员：您的身体还好吧。

客户：还可以，谢谢。

销售人员：您的商店缺货吗？还需要再订些货吗？

客户：我也正考虑这个问题呢。

沟通技巧

★表现对对方关心的问候语有“最近身体好吗”、“生意好吗”、“最近工作进展如何，还顺利吗”，等等，主要是询问对方本人、子女、家庭、事业等的情况以示对对方的关心。

★销售人员在和客户寒暄时，表示关心的话语要贴近客户的真实状况，同时语气要充满热情，要让客户感受到你是实实在在关心他，而不只是客套。

2. 谈论式

很多销售人员喜欢用言他式的寒暄方法打破沉默，这种方法是最有效的沟通方法之一。言他式的寒暄一般要针对那些尽人皆知的内容，不要选太敏感或太专业的话题，尤其要注意不要问及对方的个人隐私以及其他令人尴尬的问题。

情景 066 谈论天气

销售人员：今天天气真不错啊。

客户：是啊，好不容易有个晴天。

销售人员：一连下了几天雨难得一个晴天，真让人心情舒畅啊。

客户：是啊，我老家那边很少有这么多雨天。

销售人员：哦，那您适应这边的气候了吗？要注意身体啊！

客户：基本适应了，谢谢。

销售人员：对了，上次那个方案您考虑得怎么样了？

客户：我们坐下细谈吧。

沟通技巧

★初次拜访客户，为了消除彼此间的陌生感，或避免刚见面一时难以找到话题的尴尬，销售人员可说些天气方面的话题，如“今天天气真冷啊”、“天气真不错，秋高气爽”等。

★天气方面的话题比较保险，这个话题几乎不会遭到任何反感，因此销售人员可善加利用。

情景 067 谈论新闻

销售人员：听说昨天××队夺冠了。

客户：是啊，你是他们的球迷。

销售人员：对啊！您也是他们的球迷啊！最后××踢进的那个球真是关键啊。

客户：可不是吗，全靠他了。

销售人员：我也很佩服他。

客户：昨天你给我的材料我看过了，我们来谈谈价格吧。

销售人员：好的。

沟通技巧

★拜访客户时销售人员应尽量谈论一些令人兴奋的话题，令人愉快的新闻能让人心情舒畅，对接下来的谈话也有促进作用。

★销售人员还可就时事、新闻打开谈话局面，如“昨天××企业的老总又表示要提高价格了”“明天中网就开赛了”“国家对我们××行业又出台了新政策”等。大多数人都喜欢对时事进行评论，销售人员可以成为客户的听众并与其交换看法。关注时事资讯，拓宽知识面是销售人员的必修课。

3. 夸赞式

作为社会成员，每个人都需要别人的肯定和承认，需要别人的真诚赞美，销售人员在进行销售的时候更不能忘记这一点。

情景 068　夸赞客户

销售人员：张经理，几天不见您又苗条了。

客户：哦，是吗？我这几天每天晚上都出去锻炼。

销售人员：晚上锻炼这么有效啊！我得向您学习啊。

客户：哪里哪里。

销售人员：呵呵。我听说您公司要开分店，如果您大宗采购我们的办公用品可以给您打九折。

沟通技巧

★销售人员在夸奖客户的时候要客观，注意不要弄巧成拙，引起客户的反感。同时应避免粗俗语言和过头的恭维话，如“久闻大名，如雷贯耳”“今日得见，三生有幸”等。

情景 069　夸赞客户周围的人

销售人员：张老板，这是您的儿子吗？

客户：是的。

销售人员：长得真机灵啊。

客户：淘气得很呢。

销售人员：淘气的孩子都聪明。对了，张老板，您公司办公室要更换电脑了吧，我给您带了一份价格表，您看看。

沟通技巧

★如果看到客户的办公桌上有客户小孩儿的照片，销售人员可以多夸奖孩子。小孩子总是惹人喜爱，即使多夸奖几句客户也不会觉得这是奉承，这有助于为接下来的对话打好基础。

★夸赞客户周围的人（可以是其小孩、得力助手等），让客户感觉心里美滋滋的，双方的心理距离自然就拉近了。

4. 即兴式

情景 070　生活化寒暄

销售人员：刘老板，幸会啊。

客户：哦，幸会。

销售人员：吃过饭了吗？

客户：吃过了，你呢？

销售人员：我也吃过了。

客户：那就坐下喝点茶，我们慢慢谈。我觉得你们的价格还是有点高……

沟通技巧

★“吃过饭了没有”应该是出现频率最高的一句寒暄语，在早上或者中午与客户见面时，销售人员可以以此作为寒暄语，与客户进行沟通。

★使用这句话进行寒暄，要注意场合、地点，以免引起尴尬。

情景 071　即景化寒暄

销售人员：王总，您真忙啊，我在您这里坐了一会儿看您电话一个接一个，您真辛苦。

客户：哦，这几天都很忙，我已经习惯了。

销售人员：我把产品图样带来了，您先看看吧。

客户：好的。

沟通技巧

★客户接完电话，销售人员的一句“您真辛苦”，会让客户感觉到销售人员对自己的关心，有利于接下来的谈话的顺利展开。

★可以就对方刚做完的一件事来展开对话，即情即景，见机行事。

第2节　精彩开场白

适宜的开场白可以说是会面双方的“润滑剂”，那些关键性的对话往往都是由那些看似不起眼的开场白引出的。很少有人会跳过开场白，一见面就马上进入正题，因为这种过于直接的谈话方式往往会让人感觉气氛紧张。

销售人员如何才能通过开场白即刻赢得客户好感，给客户留下美好的第一印象呢？

1. 满足对方的自尊心

通过开场白博得客户的好感，通常有两种方式：一是真诚地赞美对方，二是就一个问题虚心向客户请教。这两种方法都能在不知不觉中让客户获得心理上的满足。

情景072　真诚赞美

销售人员：张总，您好。我是××公司的销售人员王×，打扰您了。

客户：请坐。

销售人员：谢谢，非常感谢张总在百忙中抽出时间与我会面。

客户：不用客气，我也很高兴见到你。

销售人员：贵公司在张总的领导下，业务领先业界，真是令人钦佩。我仔细阅读过贵公司的网站以及您发表过的企业管理文章，知道张总非常重视人性化管理，员工对您都非常爱戴。

客户：我们是服务型的公司，需要员工有冲劲和创意，积极主动地为客户服务，而这些都源自员工的主观能动性，用强迫、威胁的方式是不可能实现的。因此，我特别强调人性化管理，公司必须尊重员工，处处考虑员工的利益，这样员工才会真正发挥潜力。

销售人员：张总，您真是有远见，以客户为导向开展业务是未来企业经营的主流方式。

客户：是啊，我也在逐步摸索更适合公司发展的管理模式。

销售人员：您的经营理念确实值得借鉴，我相信您在员工福利这方面也做得不错。今天我给您推荐一个团体保险方案，最适合贵公司这种外勤工作人员多的公司采用。

……

沟通技巧

★上述案例中，销售人员首先诚恳地感谢客户，这让客户感觉自己很受重视；然后在寒暄中提到客户的人性化管理，为自己的拜访目的做了很好的铺垫；同时对客户进行适当的夸赞，有利于赢得客户的好感。

★以赞美作为开场白（可以针对客户的办公环境、业务或产品，还可以是客户本人），这个要视具体情况而定。如客户新搬入办公室，可夸赞客户办公室漂亮或布置得有特色；对于女性客户，可以夸其服饰或魅力，例如，“王总，您真有魅力，女强人啊”“您今天穿的服装高雅漂亮，非常适合像您这样高雅的女性”等。

★销售人员的赞美之词要客观、合理，不要生搬硬套，否则会给人牵强之感。赞美客户的业务或产品时，应该谨慎。如果你不是真正地了解客户的业务或产品，只是进行表面的赞美，很容易被客户认为你在虚伪地奉承。因此，如果你真想对客户的业务或产品进行赞美，一定要提前了解具体细节。

情景073　诚心求教

（李先生是饮料经销商，他为人较保守，讨厌别人向自己推销东西。一天，某饮料公司的销售人员小刘再次来到他的办公室。）

客户（不悦道）：你又来干什么？我不需要你的产品，我有最好的合作伙伴。

销售人员（满脸笑容地）：李先生，您猜我今天是来干什么的？

客户：你不说我也知道，还不是向我推销那些破饮料！

销售人员（哈哈大笑）：您今天可真猜错了，我今天来可不是向您推销的，而是求您向我推销的。

客户（愣住了）：你要我向你推销什么？我活这么大还头一次见到销售人员求我向他推销东西。

销售人员：是真的，我是刚出道的销售人员，忙活这么久一桩生意都没做成，我都有点儿没自信了。听说您是这一地区最会做生意的老板了，饮料的销售量最大，我今天来是向您讨教一下您的推销方法，您一定要帮我啊。

……

（李先生活了大半辈子，从未遇到过登门求教的人，于是，他兴致勃勃地向小刘谈起了生意经。待小刘起身告辞，走到门口时，李先生像突然想起什么似的，大声说："请等一等，听说你们公司最近新上市的饮料很受欢迎，我订50箱。"）

沟通技巧

★上述案例中，销售人员以向经销商请教推销方法为由取得了对方的好感，让对方马上放松警惕，减少了敌意，最终达到了销售的目的。

★客户通常不会拒绝虚心讨教的销售人员，至于请教什么，销售人员要仔细斟酌，例如，"王总，在计算机方面您可是专家。这是我公司研制的新型电脑，请您看看在设计方面还存在什么问题？"

★另外，市场状况、促销方法等都可以用来讨教，这样既可以增长知识，扩大知识储备量，以备应对将来类似的准客户，又可加深与客户的关系。

情景074　表示敬慕

销售人员：陈总，您好，谢谢您百忙之中抽出时间。

客户：没什么，别客气。

销售人员：我早就听说陈总您了，业内的人都在谈论陈总创业的历程，您的经历真是传奇啊。

客户：呵呵，过奖了，都是同行的错爱。

销售人员：我是真的很佩服您，今天能见面也是我的荣幸，以后要请您多多指教啊。

客户：过奖了，大家互相学习吧。

沟通技巧

★销售人员以客户的艰辛创业为着眼点表达自己的敬慕之情，既恰当又能赢得客户好感，也为自己的销售奠定了良好的基础。

★对客户表示敬慕当然能赢得客户的好感，但要话语要得体、真诚，语气要自然。

2. 利益诱惑

对任何客户来说，购买产品的目的都是获得利益。因此，销售人员可在开场白中就把产品带给对方的利益直接展示出来，如能让客户节约成本、增加利润、提高工作效率、增加销售额等，这样做可以引起客户的注意，帮助客户进行理性选择。

情景 075　帮客户提高业绩

销售人员：王总您好，我是××公司的小刘。

客户：您好，有什么事吗？

销售人员：前段时间有一家与你们做同一产品的公司因为搞了一次营销技巧内训活动，整个营销团队的销售业绩上升了 30%，不知您对贵公司营销团队的销售业绩是否满意呢？

客户：30%，那确实不少。我们现在的营销团队确实存在一些问题，业绩不是很好。

销售人员：我们现在有一套培训课程，可以保证贵公司的销售业绩得到改善，不知道您有没有兴趣。

客户：说来听听。

销售人员：这样吧，您看什么时候方便，我去拜访您，当面给您讲。

客户：好的，你明天一早就过来吧。

沟通技巧

★案例中，销售人员以“改善销售业绩”为由，使得客户马上同意与之见面详谈。

★对任何企业来说，节约成本、增加利润、提高工作效率、增加销售额等都是领导层最为关心的事。销售人员如果围绕对方关心的话题与之展开对话，并为对方出谋划策，这样的对话一定很受欢迎。

★针对客户的主要利益发问——销售人员可把提问的重点放在客户感兴趣的主要利益点上，使其产生兴趣，从而达到接近顾客的目的。但销售人员不可夸大其辞，否则会让对方产生抵触心理。

情景 076　帮客户节约成本

销售人员：王总，您好，听同事说您这段时间一直为节约销售成本伤脑筋，刚好我们公司有一套营销方案可以帮您每年节约 20 万元左右的销售费用，如果您方便的话，我可以先传给您看看，您现在方便吗？

客户：可以节约 20 万元的销售费用，真的吗？

销售人员：是真的。我可以将资料传给您。

客户：谢谢！你直接发到我的邮箱吧，邮箱是……

销售人员：好的，我马上发，然后再跟您沟通。

沟通技巧

★省钱和赚钱的方法很容易引起客户的兴趣，销售人员应注意利用这一点。

★相关语言可表述为：“王厂长，我们的机器比贵厂目前的机器速度快、耗电少、更精确，能降低产品的生产成本”；“张经理，我是来告诉您节省贵公司一半电费的方法的”。

3. 提供信息

为客户提供一些有用的信息，如市场行情、新技术、新产品知识等，这会引起客户的注意，也是开场白的一种有效表述方式。

情景 077　提供市场信息

销售人员：您好，陈经理吗？

客户：是我，你是谁？

销售人员：我是××公司的××，据可靠消息，印刷设备在年底要涨价了，听说您现在需要印刷设备，您要不要在涨价之前购买呢。

客户：我们这里是需要印刷设备，不过还没有列到预算里，等下个月再说吧。

销售人员：我们正在出售一批这样的设备，已经有很多公司和我们预订了，下个月不一定有货，如果您拖得时间太长可能就会赶上价格上涨，那对贵公司也是不小的损失啊。

客户：哦，这个我要考虑一下，你把报价传给我看一下吧。

沟通技巧

★销售人员利用"产品涨价信息"让客户调整了购买计划，既保证了客户的利益，也获得了客户的尊敬与好感。

★销售人员主动提供一些信息，客户自然会从中汲取有用的部分。但要注意提供的信息一定是客户感兴趣的，与客户无关的信息反而会引起客户的反感。

★要提供有益客户的信息，销售人员就要站到客户的立场上，为客户着想。应尽量阅读报刊，掌握市场动态，充实自己的知识，把自己训练成为这一行业的专家，能够与客户进行相关方面的交流。

情景 078　提供本企业信息

销售人员：李总您好，最近我们换了一位新的负责人，上任之后准备推行改革，对于大宗订单会给予更多的优惠。

客户：是吗，可是我们的订单可能不算大宗吧？

销售人员：您和一些小公司之间是不是还有不少零散的订单？如果把这些都加起来就可以享受我们马上推出的优惠政策了。

客户：这个我们承担的风险会比较大，而且你说的优惠改革还没有开始啊。

销售人员：这个优惠政策下个月就开始实行，我们的新经理是个雷厉风行的人。最初的几个订单还有额外优惠。你们的风险也不会加大的，您想想向那些小公司订货本身不就是风险吗，我们公司的实力您是了解的，如果您把订单都集中到我们公司，我们保证会把您当成 VIP 来关注，交货和后续服务肯定会优先安排的。

客户：好的，我考虑一下。

沟通技巧

★在案例中，销售人员将本企业的人事变动以及改革措施告诉了客户，提醒客户及时作出有利于自己的决定，有利于赢得客户的好感。

★本企业的一些变动，如领导层更替、厂址变迁、最新的促销策略等都是有用的信息，都可以作为开场白的素材。

4. 与众不同

与众不同很重要，销售人员可将自己独特的沟通方式作为开场白，以此来吸引客户的注意力。几乎每个人都有求新、求变、求奇的心理，客户在接触了众多的销售人员之后很难再对重复的东西感兴趣，此时如果销售人员能显示出与众不同之处，往往会收到良好的效果。

情景 079　欲擒故纵

销售人员：大爷，我是汽车公司的销售人员，现在我们有……

客户：行啦！别说啦！我不会买你们的车。我告诉你小伙子，昨天有两个像你这样的家伙来过了，说我的车很破很旧。他们一个劲劝我换，但我告诉你我不会换。你走吧。

销售人员：我并没有说让您买车啊。

客户：那你来干什么？

销售人员：昨天两个同事告诉我说您的车很旧但就是不肯换，我今天特地来看看您的车是不是真的很旧。院里那辆蓝色的就是吗?

客户：是的，就是它。

销售人员：我刚才打量了一下，觉得那辆车还能用半年，现在要换新的真有点儿可惜。

客户：哦？你还是第一个这样说的人。

(没过几天，这位固执的客户就去找这位与众不同的销售人员买了一辆崭新的车。事实上他心里早就想换一辆车了，只不过前两位销售人员触犯了老人的倔脾气而已。)

沟通技巧

★案例中，这位销售人员欲擒故纵的沟通方法取得了意外的效果。

★许多人都有些逆反心理，持续地施加压力只能适得其反。

情景 080　正话反说

销售人员：王先生，我们这款理财产品能给您带来 7%的年收益。

客户：才 7%？前天来的那个说是 10%啊。

销售人员：哦，这样啊，那我还是推荐您买他的吧。

客户：为什么？

销售人员：我们这款理财产品比较稳健，但是收益率比较小，指望通过它暴富是不可能的。如果您只是追求年收益率，那个产品确实可能更合适您。我们这个产品是稳中求胜的，虽然收益率低了一点儿，可是非常稳健，而且即使你中途撤资也不会有太多的罚金。

客户：哦？是吗？你给我详细介绍一下你的理财产品吧。

沟通技巧

★案例中，销售人员明明希望客户购买自己的产品，言语中却推荐客户买别人的东西，正话反说，同时在此过程中讲明了自己产品的特点、优势，引起客户的兴趣。

★正话反说的方法在现实中经常会被用到，不过销售人员要注意的是说反话时应点到为止，否则容易弄巧成拙。

情景 081　出奇制胜

销售人员：刘经理，您好，我是人寿保险销售人员，我姓张。

客户：是想推销保险吗？几星期前就有几位保险公司的销售人员找我谈过了，我现在还不想买保险。

销售人员：我知道您很忙，但您能在这一星期的某天抽出 5 分钟，咱们面谈一下吗？5 分钟就够了。

客户：其他推销保险的都是跟我约半个小时，我还没听说过五分钟卖出保险的，你到底想做什么？

销售人员：我保证不向您推销什么。明天早上 9 点，您能给我五分钟时间吗？

客户：那好吧，你最好在 9 点 15 分到。

销售人员：谢谢！我会准时到的。

（第二天，销售人员来到客户的办公室。）

销售人员：您的时间非常宝贵，我将严格遵守五分钟的约定。

（五分钟很快到了。）

销售人员：五分钟时间到了，我要走了，您还有什么要告诉我吗？

客户：你真是奇怪，这五分钟我们几乎没有谈什么重要的东西，我有点不明白你的意图了。

销售人员：我当然有很多话想和您说，可是之前我们约定了五分钟，这对于谈生意来说确实是不够的，现在时间到了，如果继续谈的话恐怕要占用您额外的时间了。

客户：呵呵，你可真是与众不同，那么我们继续谈谈吧。

沟通技巧

★千篇一律的开场白会让人厌倦，与众不同的开场白则能提起人们的兴趣。销售人员应设计一些奇招应对客户的拒绝，让自己的开场白与众不同。

★好奇是人的天性，人一旦发现不合常理的事通常会去问个究竟，这样话题自然就开始了。如果销售人员发现客户对自己讲的没有兴趣，不如反其道而行，先勾起对方的好奇心，让自己的开场白生动起来。

★制造神秘气氛、给客户设置能够引起遐想的空间等都可引起对方的好奇，接下来就是解答疑问，并很有技巧地把产品介绍给客户。

5. 其他方式

情景 082 用幽默化解尴尬

创造一个与客户齐声大笑的场面，是破除陌生感的绝招之一。有时候一句幽默的语言不仅可以令气氛融洽，还可以显示出自己积极乐观的性格。不过，销售人员运用幽默战术时，要避免以敏感话题作为玩笑对象。

销售人员：您好！我是××公司的××。

客户：不需要，不需要，我最讨厌直销了，你走吧，我这儿正忙着呢。

销售人员：我们老板说了，我要是再卖不出去这批货就让我卷铺盖走人，也许您这里正缺人手吧。

客户：哈哈哈，你这个人真有意思。坐下说话吧，哈哈！

销售人员：其实直销也不都像您想得那样，我们的产品……

沟通技巧

★一句“您这里正缺人手吧”，帮助销售人员赢得了与客户面谈的机会，成功地化解了尴尬的局面。

★幽默贯穿于生活的每一个方面。生活中的幽默随处可见，销售人员要注意培养自己的洞察力，学会用幽默打破尴尬局面。

★运用幽默也要注意对方的身份和当时的场合，要把握好尺度，不能开庸俗的玩笑，否则会有损自己的形象，影响销售成果。

情景 083 攀认引出友谊

俗语说，山不转水转。在人际交往中，只要彼此留意，就不难发现双方有着这样那样的共同关系或某方面的共性。在初次见面时，在开场白中攀认某种关系，有利于发展双方的友谊。三国时，鲁肃见诸葛亮的第一句话是：“我，子瑜友也。”这短短一句话，就奠定了鲁肃和诸葛亮之间的友谊基础。

销售人员：王经理，您也喜欢钓鱼啊？

客户：是啊，难道你也喜欢钓鱼？

销售人员：是啊，我很喜欢钓鱼的，钓鱼协会的孙会长是我伯父。

客户：哦，真巧，那是我老朋友啊！不过现在的年轻人能有耐心坐下来钓鱼的太少了。

销售人员：我从小就是在江边长大的。

客户：那怪不得了，你的技术一定比我好。

销售人员：不敢当，您太谦虚了。

客户：改天出去一起钓鱼，互相切磋一下。

销售人员：太好了。

沟通技巧

★相同的背景（同乡或校友）、爱好总是能让人感觉亲切，销售人员以这种方式作为开场白，能够很好地拉近与客户之间的距离，很快打开局面，赢得对方的好感。

★寻找共同的话题是拉近人与人之间关系的重要方法，这就要求销售人员平时多积累，尽量详细地掌握客户信息。

情景 084 他人推荐好办事

销售人员可以用客户所熟知的亲友、同事、同学或领导的推荐作为开场白，接近所访问的准客户。

销售人员：您好，是张董吗？我是××电脑公司的王×。

客户：（打断小王说话）不用了，我们不需要。

销售人员：张董事长，我是××公司林总经理介绍来的，他告诉我贵公司需要一批新型电脑。

客户：哦，是林总介绍的呀。你是他什么人啊？

销售人员：林总是我们的老客户了，我们一直都有很好的业务往来。您放心吧，如果我们产品质量不过关他也不可能把您介绍给我们。

客户：这样啊，好，那你明天上午来一趟吧。

沟通技巧

★有了熟人引荐，销售人员的销售障碍会减少许多。但是即使有熟人这一层有利关系，销售人员自身的言行仍需谨慎小心。另外，如果是熟人推荐可以让熟人预先给准客户打电话沟通一下。

★遇到他人推荐的情况，销售人员应尽早进行访问，最迟不应超过三天。无论结果如何，都应在事后向推荐者报告访问经过，并表达谢意。

第 3 节　正式面谈

正式面谈是销售中最重要的环节之一，之前的很多铺垫都是为这个环节服务的。可以说正式会面在一定程度上决定了整个销售过程的成败。在这个环节，销售人员要把握好客户的产品需求和心理需求，尤其是心理需求的变化。

1. 探询各类客户信息

不了解客户的需求，就好像在黑暗中走路，费尽力气又看不到前途。了解客户需求以后，可以根据需求的类别和大小判定眼前的客户是不是自己的潜在客户，值不值得推销。如果判定不是自己的潜在客户，就应该考虑是否还需继续跟客户谈下去。

情景 085　了解客户状况

销售人员：王经理，我们那笔订单您考虑得差不多了吧？

客户：我们决定要你们的货，可还没有最后定下来要多少。

销售人员：贵公司这个季度的预算情况怎么样？

客户：这个季度预算减缩了，所以我们考虑先少进一点儿货，等销售出去有资金了再继续订购。

销售人员：我建议您考虑大宗订购，因为小笔订购享受不到折扣优惠，这也是您要考虑的问题。

客户：我们这个分公司刚刚成立，还没有开始盈利，没有办法啊。

销售人员：哦，这样啊。刚开张，需要添置很多东西，开销当然大，下个月我猜贵公司预算应该没有问题了。

客户：是的，下个季度的压力会小很多。

销售人员：那您可以考虑订购大单，超过一定数量之后我们可以给你们延长付款账期，这样您就可以等下个季度资金不紧张的时候再开始付款，还可以享受大规模采购的大额折扣。

客户：好，这是个好办法。

沟通技巧

★无论是大客户还是小客户、新客户还是老客户，销售人员都要尊重对方，诚心为其服务。

★只有了解客户状况（可以是财务状况、产品目前使用情况及公司发展情况等），向客户推荐产品时才能更有针对性。当然，对于有些敏感问题（如财务状况等），销售人员在询问时应采取一些策略，不方便的时候不要直接询问。

情景 086　探询客户需要

销售人员：我可以了解一下贵报社目前有关笔记本电脑的使用情况吗？

客户：可以。

销售人员：据我了解，贵报社在三年内陆续购买了 200 台不同品牌和型号的笔记本电脑，主要是配给新闻中心的记者们使用，对吗？

客户：是的。

销售人员：记者们在使用这些笔记本电脑后有什么反映吗？

客户：有一些不同的意见，正因为这样，我们对这次的采购格外慎重。

销售人员：具体的意见都有哪些呢？

客户：主要是速度。由于电脑配置低和老化等原因，传输速度非常慢，因此常常耽误稿件的发送。

销售人员：哦，您的意思是说新的电脑的配置应能很有成效地支持大量资料的快速传输，对吗？

客户：可以这么理解。

销售人员：除了速度以外还有别的什么要求吗？

客户：使用的年限也应能更长一些，性能最少可以满足 3~5 年的需求。

销售人员：能更具体地谈谈您在这方面的看法吗？

客户：现在的电脑产品更新很快，但我们希望新配置的笔记本能尽可能地使用得久一点儿。

销售人员：确实应该这样。您觉得笔记本电脑不能多使用一段时间的主要原因在哪儿呢？或者说三五年以后，您认为笔记本电脑的哪些配置会成为使用的障碍？

客户：……

销售人员：我来总结一下，您刚才提到贵报社对笔记本电脑的需求有以下几条：硬盘空间大，便于储存大量的稿件；性能至少可以满足 3~5 年的需求，而且要稳定可靠；配备……您看我总结的对吗？

客户：完全正确，非常全面。

沟通技巧

★通过与客户沟通，明确客户的需求，然后针对这种需求推荐适合客户的产品或方案。

★销售人员对客户的需求询问要经过确定现状、了解期望、重点探讨、确认理解、明确需求等几个步骤。

情景 087　探知真正需求

销售人员：先生您好，欢迎光临！

客户：你们这里有我能穿的西装吗？

销售人员：先生，您这么富态的身材想挑一件合身的衣服，恐怕不太容易，起码衣服的腰围就要做一些修改。

客户：是啊，我有一套海蓝色西装，是几年前买的，我很喜欢，但搁在家里一直没有穿。因为近几年我的体重逐年增加，现在已经穿不上了。

销售人员：您对西装有什么偏好吗？

客户：我喜欢海蓝色、两粒纽扣的。

销售人员：像您这样的成功人士，海蓝色西装很适合您。您现在总共有几套能穿的西装？

客户：只有一套，是灰白色的，还显得比较胖。

销售人员：除了海蓝色您还喜欢其他深颜色吗？

客户：我最喜欢海蓝色，深蓝色也可以。

销售人员：我们这里有一款海蓝色和一款深蓝色的，都是两粒纽扣的，您过来看看。

客户：好，我先看看！

销售人员：如果您觉得合适，最好选两套西装，因为您不能总是穿一套西装，您再去其他地方也很难选到刚好合适的，反正腰围需要做修改，您要选两套我们可以免费帮您修改！

沟通技巧

★上例中，服装销售人员一直以发问的方式寻求客户的真正需求，同时也在发问中表现出了一切为客户着想的热忱，使客户在不知不觉中给予了很好的配合，营造了良好的谈话气氛。

★明确客户的真正需求或其所想，这是拜访客户最重要的目的，所以销售人员事先应做好充分准备，计划好谈话内容，巧妙通过询问、倾听等获取需求信息。

2. 应对客户询问

在与客户面谈的过程中，客户会有很多疑问（关于产品的、关于服务的等），有时候他们还会请销售人员帮助选择。在这种情况下，销售人员就要表现出自己的专业性，自信而又谦虚地为客户解答疑问，并把最终决定权留给客户。

情景 088　为客户答疑

客户：我想买一支防晒霜，请问防晒霜的防晒指数一般有哪些？

销售人员：防晒指数有 15、20、30 和 40 的，防晒指数越大，防晒作用也就越强。

客户：啊，我明白了。（销售人员不必连续作答，而应让客户去选择。）

客户：但我还是不知道选哪一种好？（客户还是不明白。）

销售人员：您是日常使用，还是在爬山、郊游或在海边时使用？（销售人员再做更深入的询问。）

客户：海边。

销售人员：如果在海边使用，最好选防晒指数高些的，这款产品就是沙滩专用防晒的，您看看。

沟通技巧

★销售人员通过不连续的回答及反问，把商品的性能、功效、优点等各方面的简要内容清楚地告诉了客户，不但成功地把商品销售了出去，还给客户留下了“水平专业、值得信赖”的印象。

★销售人员要做到这一点，就要对自己的产品了如指掌，客户问什么都能对答如流。

情景089　掌握客户情绪

消费不只是金钱和物质的交换过程，在这个过程中，人们不仅要求“满意”，更要求“舒心”。在和客户面谈的时候，面对客户的问询及情绪变化，销售人员一定要注意照顾客户的心情。记住，客户就是“上帝”，“上帝”都不高兴了还能有什么收益呢。

客户：价格没什么可商量的，一分我都不会多出。你们这里如果不行，那我只能再找其他商家了……

销售人员：那么，您对产品的整体感觉如何？

客户：整体感觉还不错，现在就是价格问题了。这个价位我是不会考虑的。

销售人员：看来您对产品的性能和质量都比较满意。

客户：是的，否则的话我就不会在这里浪费时间了。

销售人员：这里有一款价位比较低的产品，只不过性能和质量都与刚才那种产品没法比。

客户：这我可看不上。

销售人员：从您的气质上能够看出您眼光比较高，所以我一直没有给您介绍那些档次不高的产品。

客户：刚才那款的价格是多少？

销售人员：只比您现在看到的这种产品多300元。

客户：应该还可以打一点儿折吧？

销售人员：这是最低价了，不过我们可以马上为您免费送货上门……

沟通技巧

★在案例中，因为价格原因客户明显有了情绪，而销售人员通过连续询问和回答，逐步扭转了局面。

★销售人员在与客户面谈时，要时刻掌握客户的情绪变化，遇到意外情况，要保持冷静，应先缓和气氛，在客户的情绪平静下来后，再谈论双方都比较关心的焦点问题。

情景 090　不与客户争辩

销售领域有一句老话：占争论的便宜越大，吃销售的亏越大。也就是说，在销售沟通过程中，销售人员应尽量不与客户争论，否则，吃亏的肯定是自己。

（在一家鞋店，一位顾客手里拿着一双皮鞋正仔细观看，这时销售人员走了过来。）

销售人员：大姐，您好！这双鞋挺不错的，走货也挺好！

客户：有我能穿的号码吗？38 码。

销售人员：有，我给您拿一双试穿吧，您稍等。（说完去仓库里拿鞋）

客户（穿完鞋走了几步）：穿起来不是很舒服呀！

销售人员：怎么会呢？这是纯皮的，怎么会不舒服呢？

客户（口气加重）：本来就是不太舒服嘛，感觉很硬！有棕色的吗？

销售人员：皮鞋都这样，穿穿就好了。这双黑色的就挺好的嘛。

客户：我想再试试棕色的，看哪一双穿起来效果更好。

销售人员：我觉得这双黑色的就挺好，挺适合您的。黑色是大众色，好配衣服。

客户（微怒）：到底有没有棕色的？你们还不让试试，对比一下呀？

销售人员：棕色的没有您穿的号。

客户：早说不就完了，拐这么大弯干什么？

销售人员：我真是觉得您穿这双鞋挺合适的！

客户：是你买鞋还是我买鞋。真是的！

（说完，顾客脱鞋走了，销售人员也一脸懊恼。）

沟通技巧

★案例中，销售人员没有察言观色，也没有详细询问客户的真实需求，盲目让客户试鞋，在客户提出异议后也没有仔细揣摩或询问就直接反驳客户，导致销售以失败告终。

★销售人员在销售自己的产品时，不要一味地与客户争论，只有仔细倾听客户需求，了解客户所想，及时解决客户的问题，才能促使交易的达成。

3. 消除客户心中的疑虑

在与客户交往过几次后，一些客户因为各种顾虑就是不签合同，这时，销售人员要展现出自己的真诚，让客户放松警惕之后再通过巧妙的询问和认真的分析，了解客户的真正需求，进而想办法消除客户的疑虑，让其接受自己的帮助。

情景 091　给客户重新选择的机会

销售人员：您觉得哪种款式的空调更好一些？

客户：我还要再想一想……

销售人员：您一定看过很多家的产品了吧？您坐在这里边休息边看如何？

客户：好啊……

销售人员：您是要放在家里还是办公室里？喜欢哪种颜色？

客户：我自己家里用的，我比较喜欢白色。

销售人员：根据您的描述，您看这款怎么样？我觉得比较适合您。

客户：那边蓝色的也不错。唉，我还是拿不准主意。我回去和家里人商量一下吧。

销售人员：我们这里的商品是 15 天内包换的，如果您 15 天内觉得不喜欢可以随时调换。

客户：哦，是吗，太好了，那你给我开票吧。

沟通技巧

★销售人员通过与客户沟通，明确了客户所需，了解了客户的顾虑，于是承诺“15 天内觉得不喜欢可以随时调换”，消除了客户的顾虑。

★客户购买的东西越贵重，订单金额越高，心中的疑虑就越多。销售人员应根据这种情况给客户一个机会重新选择，这样客户会更容易下决心，成交速度也会加快。

情景 092　出示第三方购买的资料

销售人员：王经理，那个合同您考虑得差不多了吧？

客户：××公司的报价比你们要低一些，你们不能将价格再降一点儿吗？不能的话我要考虑从他们那里进货了。

销售人员：王经理，东西是一分钱一分货，我已经没有权力再降价了。你们的竞争对手××公司就是从我们这里进的货。我们可以保证货物的质量，如果您仅仅因为价格就从小公司进货，万一货物不合格那不是自己砸自己牌子吗？怎么和人家竞争呢？

客户：哦？我们的竞争对手从你们这里进货的？

销售人员：是啊，已经很久了，而且他们对我们的评价很高。

客户：他们进货是什么价钱？

销售人员：和我给您报的一样。您看我这里的订单明细。

客户：这样啊，明天你把合同带上，我们签约。

沟通技巧

★有时候客户宁可相信第三方的评价也不愿轻易相信销售人员的解释，因为客户认为销售人员为了把产品卖出去只会说好话，不会客观地陈述事实。所以，销售人员要多用一些第三方的观点来消除客户的疑虑，说服客户。

★利用第三方的购买资料，包括订单、合作协议、评价等。

情景 093　问明疑虑原因后马上解决

销售人员：刘总您好，我是张鑫，××公司的。

客户：你好，你好！最近在忙什么呢？

销售人员：最近在做两个客户服务礼仪培训课程的内训方案，一个是为某银行做的，另一个是为某移动公司做的。刘总，我顺便问一下，上一次我们谈到的关于贵公司打算安排一期内部员工培训的事情，您打算安排在哪天呢？

客户：这件事情，我们还没有定下来呢，你让我考虑考虑。

销售人员：非常理解您的做法，作为公司老总，做任何一个决定都应该深思熟虑。我有一个问题可以请教一下刘总吗？

客户：什么问题？

销售人员：您为什么还需要考虑呢？心中有什么顾虑吗？说出来，看看我能否帮得上您。

客户：说句心里话，我知道你的为人非常好，我们也想做一期内训，但我们对你们的讲师不熟悉，所以非常担心培训后的效果。

销售人员：刘总，您说得非常正确，效果的确是每个企业最关心的问题，有这样的担心也是在情理之中。您看这样好不好，我手头刚好有一些我们公司以前服务过的客户名单和电话，我马上发给您，希望您能抽个时间对我们的讲师及培训效果做一些了解。我相信他们能给您满意的答案。

客户：那太谢谢你啦。

销售人员：别客气，您先向他们了解一下，我会在明天上午 10 点钟左右给您打电话，听听您最后的决定，好吗？

客户：好的，没问题。

沟通技巧

★案例中，客户需求已经很明确，却一再表示要考虑，这时销售人员就要及时掌握客户的顾虑，之后积极采取措施消除这些顾虑。

Chapter 5

第 5 章

接近客户

接近客户，顾名思义就是进一步博得客户的信任。这是销售中的重点环节，在销售过程中起着举足轻重的作用，也是双方长期合作的基础。

第 1 节　赢得客户好感

接近客户的第一步是赢得客户的好感，这也是与客户继续交往的前提条件。前文中介绍的见面寒暄、开场白等都是接近客户、博得好感的重要方式。当然，最重要的是从客户的实际出发，站在客户的立场上想问题，真诚为客户服务。

1. 关注客户细节

情景 094　注意客户的摆设

销售人员：王总，您家里装修得真有品位！

客户：哦，见笑了。

销售人员：嘿，这瓷器是古董吧！

客户：算你有眼力，你猜我花了多少钱买的？

销售人员：起码要 5 万元吧。

客户：哈哈，他一开始也问我要这个价，我最后讲到 3 万元。

销售人员：物超所值，府上收集的这些宝贝，一定花费了您不少的时间和财力吧？我们这里就有一套全新的理财产品，收益率高，而且稳定，这样您将有更多的钱来收集这些珍品。

客户：哦？不妨说来听听。

沟通技巧

★案例中，销售人员通过观察客户室内的装修与摆设，知道了客户“喜欢收藏”这一细节，并针对这个细节展开了自己的产品推销。

★客户拥有的物品会揭示出客户的一些个人偏好，以此作为谈话的切入点更轻松些。例如，有的客户桌子上摆着家人的照片，这表明这个客户可能非常顾家，那么销售人员接下来就可以谈谈自己的产品在家庭中的用处，或者询问其家庭、孩子的情况；如果客户办公室有高尔夫球杆，说明其喜欢这项运动，销售人员可就此找些相关的话题与客户聊聊，等等。总之，要以客户喜欢、感兴趣的话题为中心进行沟通。

情景 095　留心客户的行为

销售人员：王经理，您今天走路有点儿吃力，是不是不大舒服啊？

客户：是啊，年纪大了，腿脚不利索。

销售人员：您要注意休息啊，咱们公司全靠您呢。

客户：可不是吗，这腿风湿，一到阴天就疼。

销售人员：我的一个亲戚在医院工作，他们医院有个专家就是专治风湿的，那个专家是著名中医××的徒弟，行医三十多年，经验非常丰富，改天我带您去看看那个医生。

客户：哦？真的吗？那太谢谢你了！

沟通技巧

★在销售过程中，并不一定总是要推销产品，有时候以静制动也能收到好的效果。上述案例中，销售人员看到客户有腿疾，就介绍专家给他，这样一来，客户对于他销售的产品还能不闻不问吗？

★客户的一些行为细节揭示了客户的个人习惯或难题，这些都是销售人员借以拉近彼此距离的抓手。

2. 真诚提供帮助

情景 096　真诚提供建议

客户：我觉得那套咖啡色的沙发看起来比较大方，而且我一直比较喜欢这种颜色的家具。

销售人员：请问您家的客厅有多少平方米？如果房间太小的话，您不妨考虑旁边那套比较小巧的沙发，也是真皮的。

客户：我家客厅有20平方米左右，应该能放得下。

销售人员：您看一下，这套沙发的宽度，是不是放在20平方米左右的客厅里会显得空间太拥挤了？由于这个展厅比较大，所以很多人一进来就相中了这套沙发，实际上这套小巧玲珑的沙发更适合年轻人，而且价格也比刚才那套低得多……

客户：哦，我再考虑一下。

销售人员：您好好考虑一下，并不是花钱多就一定好，适合的才是最好的。

客户：谢谢你的建议，我要那个小一点儿的吧。

沟通技巧

★案例中，客户之所以那么快作出购买决定，一个很重要的原因就是客户感受到了销售人员的真诚。销售人员的建议完全是站在客户的立场上提出的，这样很容易赢得客户的好感。

★询问清楚客户的真实情况与需求，为客户提供合理的购买建议或方案，是一件"双赢"的事情，这样做不但有利于卖出产品，也有利于赢得客户的好感。

情景 097　真诚提供帮助

客户：好了，这是钱，你收好。

销售人员：好的，请慢走。

客户：有没有彩色塑料袋？我买的这个东西是要送人的，拿个彩色的塑料袋更好看一点儿。

销售人员：原来是送人啊。您等等，我去隔壁找几张彩色包装纸来。

客户：真是太谢谢了。

销售人员：我给您包一下。

客户：谢谢，包得很精美，这个包装要多少钱？

销售人员：这就不用算钱了，举手之劳。

客户：真是太谢谢了！

销售人员：不客气，我们应该做的。也欢迎您常光顾我们的小店。

沟通技巧

★案例中，交易已经结束，销售人员根据客户的需求为其提供了精美的包装，为客户提供了超值服务，赢得了客户的好感。

★在销售过程中，如果销售人员能诚心帮助客户，让客户感觉获得了超值服务，超出了其心理预期，那么收获的将是客户的长期信任和再次光临。

情景098　时刻保持热情

每位客户都希望有愉快的购物体验，他们不仅需要满足自己的物质需求，也需要满足自己的心理需求。销售人员的热情是满足客户心理需求的最好武器，因为只有热情才能让客户体验到良好的感觉。

销售人员：您好，看看冰箱吧。

客户：都有什么价位的？

销售人员：各种价位的都有，看您的需要了。您是隔日买菜，还是每天都去市场？

客户：呵呵。（笑而不语）

销售人员：听说有人一星期买一次，有人三天买一次，他们认为三天买一次，菜色不会有变化。大姐，您喜欢哪一种买法呢？

客户：我想三天买一次的方法比较好些。

销售人员：家里常来客人吗？

客户：有时候会有。

销售人员：在冰箱里储存些食品，既可以保鲜，又可以应付突然来访的客人。大姐，您看这个冰箱可以容纳您三天的鱼肉蔬菜量吗？

客户：可以，可以，刚刚好。

销售人员：您看这个小点儿的够不够？

客户：不行吧。

销售人员：大姐，您打算把冰箱放在什么地方？是客厅还是厨房？

客户：厨房太小了，好像放不下。

销售人员：不一定要放在厨房，实际上放在客厅也挺好的。我们的安装工人会按您的要求放置。

客户：你可真热情，好吧。就选这款吧。

沟通技巧

★销售人员在与客户面对面接触时可通过表情、肢体语言等表达自己的热情，在电话销售中可用声音传达出热情，富有感情的语调也可让人联想到一张微笑的脸。

★另外，销售人员在业务之外也要保持积极乐观的心态，这样很容易打动客户，因为积极热情的性格总是会得到人们的赞赏。

★销售人员在工作中，应始终保持热情，对待客户，更要始终如一，售前、售中、售后的表现应相同，不要给客户“人走茶凉”的感觉。要想销售业绩常青，无论何时何地都要热情对待客户。

3. 重视客户周围的人

戴尔·卡耐基曾经说过：“人的成功，只有5%靠专业技能，95%要靠人际关系。”这意味着重视客户周围的人能够大幅度提高销售成功的概率。

客户周围的人，包括客户的家人及客户的同事或朋友等。销售人员在与客户交往的过程中，切记不要忽视这些人的作用，有时候他们一句话的效果就胜过你几个月的辛苦工作。

情景 099　重视客户的家人

销售人员：王总您好，我是××公司的小刘，我们初来贵地开拓市场，您这家公司是行业的“领头羊”，我们希望能和您保持长期合作。

客户：可是我们不需要额外的供应商了。

（说着，客户撕下一封邮件上的邮票。）

客户：我已经有你的电话了，以后如果有需求会联系你的。我还有些事要处理，要不今天就这样吧。

（客户一边说一边站起身要送客，顺手把撕下来的邮票放进抽屉，把信封扔进了纸篓。）

销售人员：王总，您喜欢集邮吗？

客户：哦，不是我，是我儿子爱好集邮。

销售人员：哦，您孩子的这个爱好真不错。可是现在人们都使用电子邮件，很少有人写信了。

客户：可不是吗，现在找邮票可不像以前方便了。

销售人员：王总，我以前有几个笔友，这么多年来我们一直书信往来，这几年下来我已经攒了很多信件，上面的邮票都是完好无损的，我下次给您都带过来。

客户：真的吗？太好了！谢谢你。对了，你刚才说什么？你们公司什么情况？

销售人员：我们公司刚开始开拓这里的市场，但我们在其他地区已经比较有名了，希望来这里能借您的渠道打开市场。

客户：哦，这个问题啊，这样吧，你改天拿一份产品样本和公司有关资料过来，我看看，质量过关的话我可以考虑一下。

销售人员：谢谢王总！

沟通技巧

★案例中，销售人员通过为客户提供邮票使自己的销售工作有了转机，至少获得了一个继续谈下去的机会，接下来就是进一步的合作洽谈了。

★每个人都容易受到家人的影响，对于销售人员来说，有时候重视客户的家人比重视客户本人还有效。如果销售人员在客户身上难以入手，不如想办法将着力点转移到客户的家人身上。

情景 100　重视客户的同事

销售人员：王总，前几天给您出的那个方案您看过了吧，感觉还行吗？

客户：可以，只是有几个地方需要修改。我说小王啊，你最近往我们这里跑了有几趟了？

销售人员：有个五六趟了吧。

客户：辛苦你了啊，大老远的。

销售人员：没什么，多跑跑没关系，如果能和您们这样的公司合作，再辛苦也是值得的。

客户：我们一直都和另外一家公司保持着长期的合作关系，你们这边的订单本来不想做。不过公司的秘书和上下职员都说你是个很热心很实在的小伙子，我想破例和你们签一笔订单。

销售人员：谢谢王总！

客户：不过以后能不能长期做下来就要看你们的产品的质量如何了。

销售人员：您放心吧，王总！

沟通技巧

★第三方的好评往往能起到关键作用。重视客户的朋友和同事能够在客户活动的圈子里给自己增加认可度，销售人员在销售过程中一定要注意这一点。

★你的产品或合作方案会涉及客户企业的好多部门，因此影响决策的人很复杂，如果不协调好，即使销售人员花很多精力、很多时间，最终也可能会因为某个部门负责人的不同意见而前功尽弃。所以只有协调好客户内部关系，才能使销售工作顺利进展。

第2节　建立私人友谊

在销售过程中，销售人员会遇到很多情况，例如，有的客户虽有潜在需求，但目前没有立即与你合作的必要；客户就是不认同你和你的产品……遇到这样的情况怎么办？怎样才能实现销售突破？

与客户建立私人友谊是一个很好的接近客户的途径，这也是与客户长期保持合作关系的基础。但是，与客户建立私人友谊可不是简单的请客户吃饭、喝酒、唱歌等，这只是短期行为，要想建立牢固的私人友谊，销售人员应从多方面入手。

1. 了解客户私人信息

在与客户接洽的过程中，销售人员要善于观察，深入了解客户的私人信息，这样很可能会取得意想不到的收获。

情景101　了解客户爱好

销售人员：王经理，我们公司是专业的生产办公座椅的厂商，您看看这份资料，每一款座椅都是设计师按照人的身体结构特点精心设计的，质量好还便宜，您看有没有兴趣……

客户：不需要。（说完就开始摆弄自己手里的鱼竿。）

销售人员：……啊，王经理，这是富士竿吧？

客户：是啊，我新买的，怎么，你也懂钓鱼？

销售人员：对，钓过。

客户：钓鱼可有学问，可不是谁都能掌握的，你说说看，钓鱼有哪些技巧？

（两人越谈越近，这位销售人员也在双方的交谈过程中做成了生意。）

沟通技巧

★千金易得，知音难求。了解客户的爱好有利于和客户产生亲近感，有利于双方达成合作。销售人员可就爱好与客户进行沟通，这样的交谈更有效。

★运用智慧去发现彼此之间的共同爱好，然后创造机会与其一起进行是一个很好的接近客户的方式，如果销售人员自己没有与客户同样的爱好，可以去学，不妨跟客户说："我非常喜欢看网球比赛，如果我现在开始学，您能告诉我哪个牌子的网球拍比较好吗？"轻松的话题就此打开。之后在周末找时间约上客户，帮自己选购球拍和球，再一起去打网球，不但自己能放松一下，与客户的友谊也加深了。

情景 102　送上祝福

销售人员与客户熟悉后，还要用心去收集客户的一些私人信息，如客户的生日、结婚纪念日或客户公司的活动等。销售人员应定期核查这类信息，并适时为客户送上祝福。

销售人员：王经理吗？我是××公司的小李。

客户：哦，你好，有事吗？

销售人员：今天是您的生日吧，我代表我们公司全体员工祝您生日快乐，也感谢您以前对我们生意上的照顾。

客户：谢谢，今天是我的生日吗？我倒是忘记了。

销售人员：没错，今天是×月×日。看您，忙得连自己的生日都忘记了，哈哈。我给您邮箱里寄了一份生日贺卡，还有一份小礼物，一会儿您就能收到了，请您注意查收。

客户：谢谢你了，你真有心啊。

沟通技巧

★在重要的日子收到一份祝福无疑是令人高兴的事，客户也会因此加深对销售人员的印象。

★销售人员最好自己建立一个有关客户重要信息的资料库，以便记住客户的重要日子，适时送上祝福，这会使自己与客户的关系进一步加强。

2. 业务之外的往来

与客户的关系远近要靠平日的经营，很多成功的销售人员都能融入到客户的朋友圈里。开车送客户去机场，陪客户一起去野营、登山，在客户婚礼或者孩子生日的时候出席，这样销售人员会慢慢融入客户的朋友圈，不知不觉在这个圈子里做成多笔业务。

情景 103 提供额外帮助

销售人员：王经理，好久没联系了，还好吧？

客户：还好，谢谢关心！

销售人员：昨天听××说您明天要搬家，是吗？我过去帮忙吧！

客户：哦，太客气啦，谢谢……

沟通技巧

★并不是每一次拜访都必须基于业务。业务之外，如果客户有需要帮忙的地方，销售人员也应尽力而为，始终保持服务热情，以期进一步加强与客户的关系。

★为客户提供生活上的帮助更会赢得客户的心。

情景 104 聚餐加深感情

销售人员：王经理，明天有空吗？我想请您全家一起去吃个饭。

客户：哦，有什么事你来我办公室吧。

销售人员：您别误会，不是谈公事，就是想表示一下对您的感谢。您上次给我的那批订单让我成为公司的销售冠军，军功章有您的一半啊。

客户：这都是你自己努力的结果啊。

销售人员：和您接触的这些天我也学到不少做人的道理，很想约您出来坐一坐，再聊一聊。

客户：你太客气了，那好吧，那就明天晚上6点，你定地方，好吗？

销售人员：好的。就在××吧，我准时开车去接您。

沟通技巧

★聚餐是比较常见的交际方式，对于增进私人友谊是很有帮助的。销售人员可以在聚餐的时候和客户有更深入的交流。

★销售人员不可将请客户吃饭作为增进友谊的唯一途径。

3. 赠送适当的礼物

赠送礼物给客户也能增进双方的感情，因为这会让客户产生一种被重视、被尊重的感觉。但是礼物价值不要太高，而且要在适宜的场合、时间以适宜的方式送出，否则效果就会适得其反。

情景 105　过节送礼

销售人员：王经理，过端午节了，我们给您寄了一份小小的礼物，不知您收到没有？

客户：哦，是啊，忘记跟你说了，昨天下午就收到了，谢谢你们了。

销售人员：不用客气，我们公司和您的公司一直保持着良好的合作关系，希望合作愉快。也祝您和家人节日快乐、身体健康！

客户：谢谢了，我也代表我们公司向你们全体员工表示问候。

销售人员：好的，谢谢。

沟通技巧

★赠送礼品有助于建立紧密的人际关系，另外，还能起到“余香残留”的作用。睹物思人，礼物会增加销售人员在客户心目中的分量。

★送礼不在于价值大小，而在于传递的感情是否真诚，是否能打动客户的心。

情景 106　拜访不忘带礼物

销售人员：(敲门) 请问王总在不在？

小　孩：(打开门) 叔叔您找谁？

销售人员：小朋友，你爸爸在不在家啊？

客户：哦，是小李啊，请进。

销售人员：这是您的孩子啊，真可爱。

客户：是我的孩子。

销售人员：小朋友，你叫什么名字啊。

小　孩：亮亮。

销售人员：亮亮，挺好听的名字，你是个乖孩子，对吧？叔叔有小礼物送给你啊。

(说着，销售人员从随身携带的书包里拿出一大把棒棒糖。)

销售人员：亮亮，这一块给你，其他的给妈妈，让妈妈替你保管，好不好？真是个听话的乖孩子！好了，我得和你爸爸谈事情了。

客户：小李，你太客气了，还买这些。亮亮，快谢谢叔叔。

沟通技巧

★有时候赠送礼物给客户，客户会因顾虑而不收；有时候赠送理由不充分，礼物也无法送出手，这时送给客户的家里人则可以避免这种尴尬。

★销售人员登门拜访客户，尤其是到客户的家里时，最好事先了解客户家庭成员的情况，然后根据实际备些小礼品，以备不时之需。

Chapter 6

第 6 章

推介产品

销售人员成功接近客户以后，接下来就是介绍产品和报价了。这个环节要求销售人员针对不同的客户需求生动地、充分地展示产品以吸引客户，并在恰当的时机、运用恰当的方法给客户报价。

第 1 节 介绍产品

著名诗人苏轼有首《题西林壁》的诗："横看成岭侧成峰，远近高低各不同。不识庐山真面目，只缘身在此山中。"这首诗比喻的是：同样的事物，站在不同的角度去观察，得出的结论是截然不同的。同样道理，同一件产品在不同客户的眼中，也是千差万别的。所以，一名优秀销售人员的产品介绍不应是死板的、一成不变的，而是要让同一件产品在不同客户眼中都变成"自己最需要的"。

1. 遵循产品介绍过程

介绍产品不是一个简单的"销售人员拿着产品讲，客户看着产品听"的过程，而是一个复杂的沟通互动过程。销售人员在展示产品和介绍产品特性、优点的同时，要与客户进行沟通、交流以掌握客户的关心点，然后再针对这个关心点去说明产品能给客户带来的特殊利益，以期引起客户的兴趣。这时候若能让客户再亲自体验一下，则整个产品就能比较完美地展现给客户了。展示产品给客户是介绍产品的第一个环节，目的是让客户对自己销售的产品有直观、感性的认识。

情景 107 展示产品

（某食品超市，一阵阵独特的香味从门口飘出，当人们从门前经过时，很多人都想进来探个究竟。

原来是一名销售人员在销售火锅底料，他在超市里用电磁炉炖起了火锅，热气腾腾、香味四溢，旁边还备着一些准备下锅的食物。他不停地大声叫卖。）

销售人员：××火锅底料，不光闻着香，吃着更香！免费试吃，欢迎品尝！

客户：嗨，闻着还真香！不知道吃起来有没有像你说得那么好？

销售人员：先生，尝完您就知道有多好吃了，我们这里有鱼丸、蟹棒、香菇、青菜还有土豆几种食物，您喜欢吃哪种？

客户：你煮点青菜我尝一下吧。

销售人员：好的，请稍等，青菜马上就熟。

客户（一边尝青菜一边说）：哇！这火锅味道真好，我先买五袋底料。

销售人员：谢谢您！欢迎下次再来。

……

（就这样，这个销售人员的火锅底料销量一直特别好。）

沟通技巧

- ★案例中的销售人员，通过在超市里煮火锅的方式，用大家闻到的香味来吸引客户，然后在叫卖中又说“吃着更香”，利用人们的好奇心，极大地激起了客户品尝的欲望。待客户品尝完，彻底被美味征服时，自然就会购买。
- ★产品的特性不同，展示产品的方式也应不同，例如，可将产品挂在自己店里的墙壁上，可通过电话为客户描述，可以进行资料图片展示，可以在网上展示实物照片，也可以直接拎着产品上门。针对不同的产品，应选择最适合的展示方法。
- ★由于产品性质和销售人员掌握的资源状况的限制，销售人员在介绍产品时一定要考虑以什么样的方式将自己的产品展示给客户才能达到最佳的效果。

情景 108　介绍产品特性

销售人员：您好，马先生，我是×××，好久不见。

客户：你好。

销售人员：您现在忙吗，可不可以耽误您一会儿工夫？

客户：可以，你说吧。

销售人员：最近还在做读卡器的生意吗？

客户：一直做着，不过最近市场销售情况不太好。

销售人员：哦，我们公司现在也开始生产读卡器了，不知道您是否有兴趣？

客户：这个现在不想做了，市场一直往下走，而且我现在有固定的供应商。

销售人员：是啊，最近市场情形是不太好。您的供应商的读卡器是不是功能比较单一？

客户：是啊，只能读 SIM 卡，现在做读卡器生意的人太多了，不好做。

销售人员：其实读卡器还是有很大市场的，我们的这款读卡器能够读 SIM 卡、SD 卡、MC 卡等一共 32 种卡，功能齐全，市场上还从来没有出现过功能这么齐全的读卡器呢。

客户：是吗？那价格会不会很高，价格高不好卖啊？

销售人员：这个您放心，这款读卡器的价钱并不是很高，大多数消费者都是可以承受的。

客户：那好，你给我邮箱发一份详细资料，我仔细看看，好的话，我就订一批。

销售人员：那好，我马上给您发资料。

……

沟通技巧

★案例中的销售人员通过介绍这款读卡器的特性优点（能读 32 种卡，功能最齐全）吸引了客户。

★产品的特性优点，是指其不同于其他产品的独特优点，具有唯一性。在产品同质化严重的今天，一款产品想要在众多竞争者的包围下求得生存，就必须首先把握好特性优点，抢占细分市场。同样，一名销售人员要从众多的销售人员中脱颖而出，就必须利用自己产品的特性优点来说服目标客户群，在介绍产品时首先应突出它的特性优点。

情景 109　发现客户的关心点

销售人员：您好，请问有什么可以帮助您的吗？

客户：你们公司是不是卖液晶显示器啊？

销售人员：对。是您自己用吗？

客户：不是，是给我儿子用的。

销售人员：那他喜欢什么样的呢？

客户：喜欢屏稍大点儿的。

销售人员：哦，屏大点儿的有 19 英寸、21 英寸、22 英寸、24 英寸的，您认为哪个更好呢？

客户：24 英寸的吧，大点儿好。

销售人员：那您打算买 1 000 元以下的显示器，还是 1 000~2 000 元之间的，或者是 2 000 元以上的呢？

客户：1 500 元左右的吧。

销售人员：除了价格以外，您在其他方面还有什么要求吗？

客户：分辨率最好在1 280×1 024以上。

销售人员：好，现在我为您重复一下您的要求，24英寸的液晶显示器，价格最好在1 500元左右，分辨率最好在1 280×1 024以上，对吗？

客户：没错，是这样。

销售人员：除了这三点，您还有别的要求吗？

客户：没有了。

销售人员：好的，在本公司最近推出的液晶显示器中，有一款价格是1 480元，24英寸的，最佳分辨率是1 680×1 050，您认为怎么样？

客户：那很好啊！我就是要这样的……

沟通技巧

★介绍产品是一个互动交流的过程，销售人员在介绍产品的过程中要通过观察、询问等方式发现客户的关心点，例如，客户在看产品的同时快速地扫一眼价签就很可能说明他的关心点是产品的价格。

★真正有效的销售一定是在掌握客户需求之后的销售。所以销售人员在和客户沟通时要注意发现客户的关心点，只有自己的产品能更好地满足客户的这些关心点，交易才会达成。

情景110　说明产品的特殊利益

销售人员：你好，欢迎光临！

客 户：请问洗发水在什么地方？

销售人员：请跟我来。我们这款××牌子的洗发水刚上市，正在做特价促销活动，原价35元，现价仅26元，现在购买还送精美购物袋一个。

客户：哦，不知道这款洗发水好不好？

销售人员：这是由××公司出品的天然草本养护发系列洗发水，××公司作为医疗保健行业的老字号品牌，产品质量肯定不会出问题。您的头发看起来还不错，对自己的发质还满意吧？

客户：你哪里知道，我的头发糟透了，现在你看起来挺好的，是因为我刚洗过头不久。我是油性发质，每天至少要洗一次头，时间稍微久点头发就会特别油。

销售人员：哦，原来您是油性发质啊，这的确令人烦心，不过这款产品很适合您，它是酸性的，能够中和油脂，并且收缩头皮毛孔。您看这里的产品介绍，它采用的是××配方，这种配方的控油效果特别好，而且在产品上市之前做过大量试验，很多油性发质的人用了它一段时间之后，发质都发生了根本性的改变。

客户：是吗？但愿它真能帮到我！买一瓶吧。

……

沟通技巧

★案例中，销售人员很好地把握了产品能够改变客户油性发质这一点，对产品的其他方面一带而过，依然促成了销售。

★介绍产品要针对客户需求，应该从客户的需求出发，找出自己的产品能满足客户哪些方面的需要，然后就产品在这方面能给客户带来的特殊利益做重点介绍。

情景 111　让客户亲自体验产品

客户：这件衣服看起来不错。

销售人员：小姐，您真有眼光，这是今年的新款，卖得可火了。

客户：可是这标价挺贵的呢！

销售人员：一分钱一分货嘛，这衣服款式好，而且是全棉的，吸汗、透气，夏天穿着特别舒服！

客户：是吗？真像你说得那么好？

销售人员：小姐，您穿上先感受一下吧，那边有试衣间，您去试试看。

客户（换上衣服后）：确实挺舒服的。

销售人员：您觉得大小合适吧？

客户：挺合适的。

销售人员：请再到这边的镜子前看看吧，看您穿着多漂亮，很显身材，而且您皮肤那么白，这件衣服又正好相配，您自己看我说得对不对？

客户：谢谢你，我买了吧！

沟通技巧

★有些产品，只有让客户切身体验一下，客户才能更好地了解产品的特点，真切体会产品给自己带来的好处，从而加深印象，增强购买欲望。

★“王婆卖瓜，自卖自夸”，客户通常都会认为销售人员是在吹嘘自己的产品；“耳听为虚，眼见为实”，相比销售人员所说的，客户更愿意相信自己亲眼所见、亲身经历的事情。如果客户可用视觉、嗅觉、味觉、触觉等亲身体验产品，那他们就能够更快、更直接地体会到产品给自己带来的便利，更好地建立对产品的信任。

★在客户亲自体验产品的过程中，销售人员可辅以生动、形象的语言加以解说，这能让客户对产品的优点感受更深刻，也能激发客户的购买欲望。

2. 掌握产品介绍技巧

介绍产品也需要技巧。要想让产品抓住客户的心，销售人员在介绍产品的同时需要控制好现场的气氛，产品介绍要切中客户的需求。当客户不能确认自己的需求时，销售人员要及时引导，同时还要注意不能过多地泄露产品秘密。有时候，客户会直接拒绝产品介绍，销售人员此时不必灰心，应试图去了解“拒绝”背后的真实原因。

情景 112 控制现场气氛

某销售人员去一家公司推销办公桌，在事先的电话约见中，这家公司负责采购的孙总特别热情，对他们的办公桌很感兴趣，该销售人员认为这次销售成功的概率会特别大。但如约见到孙总后，困难却出现了，孙总显得并不热心，产品介绍还没完，就开始不停地打电话，气氛比较尴尬。

这名销售人员想，现在首先得把气氛调整好，否则对自己很不利。这时他想起了在来之前上网看过孙总的博客，孙总有一对可爱的双胞胎女儿。于是，他趁孙总打完一个电话的间隙，开始和孙总谈起了他的双胞胎女儿。

销售人员：孙总，听说您有两个非常可爱的女儿，是吗？

客户（微微一惊）：是的。

销售人员：听说还是双胞胎？几岁了呀？

客户（露出了笑容）：是啊，八岁了，都已经上学了，你是怎么知道的？

销售人员（随便说了一个客户的名字）：是××公司的赵总告诉我的，他说见过您的两个女儿。

客户：赵总，我不认识他呀。

销售人员：难道是我记错了？

客户：算了，别想了，也可能是他认识我，但我忘了他。

销售人员：那倒也有可能，孙总，听说您的双胞胎女儿跳舞特别棒！

客户（高兴地）：是呀，上个月她们还代表学校参加了全市的演出呢。

销售人员：哇，真了不起！

……

（就这样，销售人员和孙总聊得很开心，最后，孙总主动把话题引到了购买办公桌上，销售人员成功完成了销售。）

沟通技巧

★遇到面谈陷入僵局、客户对销售人员介绍的产品不感兴趣的情况，销售人员要及时采取措施，缓和这种局面，让客户享受购买过程中的快乐，满足其心理需求。

★在整个交易过程中，现场气氛都很重要，销售人员要注意把控好现场气氛，并尽量主导现场气氛。

★一个销售人员只有能指导、劝导、引导客户，才能成为卓越的销售人员。

情景 113　切中客户需求

（某销售人员发现了一种非常可爱的卡通笔筒，他想，在写字楼里上班的那些年轻女性白领们肯定会喜欢这样的笔筒，于是，他就采购了一批去写字楼里推销。他来到第一家公司，接待他的是一位身着正装的漂亮小姐。）

销售人员：你好，我这里有一些非常可爱的卡通笔筒，小姐，你看我们这笔筒多漂亮，把笔放在里面肯定赏心悦目，是这样吧？

客户：哇！确实很可爱呀，我好喜欢。

销售人员：而且我们的笔筒很便宜，现在买还有优惠，叫你们公司的同事一起来买吧？

客户：算了吧，我们公司是做软件开发的，都是无纸化办公，不需要用笔的，当然也就不需要笔筒了。

销售人员（才看到公司的名称是××软件技术有限公司）：哦，是这样啊！不过你们也可以买了放在办公桌上当装饰品呀，那绝对是办公室里一道独特的风景线，还可以用来放一些零碎的小东西。

客户：那也不行，我们公司经常有客户来，办公桌上放这样的东西会让客户觉得很滑稽，而且，这方面我们公司有明确规定，是不允许的。

……

沟通技巧

★案例中，销售人员之所以失败，就是因为没有切中客户需求。首先，他没弄清楚这是一家采用无纸化办公的公司，客户根本没有“放笔”的需求；其次，他把笔筒作为一个装饰品向该客户推销也是不合适的，毕竟，一般企业里都要求员工严肃认真，不能像在家那样放松，而他却一直在这方面做文章，忽略了产品使用的适宜环境。

★销售人员介绍产品时一定要先了解客户的基本情况，了解其需求，之后重点介绍那些客户感兴趣的产品特点，如果你介绍的产品特点和客户需求相悖，销售必然会失败。

情景 114　巧妙告诉客户真相

客户：我担心你们产品的质量。

销售人员：这点您大可不必担心，这种产品的质量绝对值得信赖，它不会让您在使用过程中感到不快。

客户：是吗？既然这种产品像你说得那么完美，那我以前怎么没有听说过？显然不如××牌子的好。

销售人员：这款产品的设计水平和质量都是一流的，只是它在外形上不如××牌子的产品。正是由于这点不足，我们的价格要比国外那家产品的价格低了将近1/3。

客户：原来是这样啊，不过我倒不看重外形。

销售人员：其实我们卖的就是性价比。

客户：那我就订你们家的产品吧！

……

沟通技巧

★没有一种产品是完美无瑕的，更不会有相信存在完美无瑕的产品的客户。对此，销售人员需要巧妙地告诉客户一些自己产品的真相和不足，以赢得客户的信赖。如果只是一味地鼓吹产品的优点，反倒会让客户心存疑虑或感到不安，最终放弃购买。

★当客户拿其他品牌的同类产品进行比较时，销售人员要巧妙地告诉客户自己产品优于竞争产品的地方，而不要只是贬低竞争产品，因为你贬低那个产品就是间接地在说客户没有眼光。

情景 115 不过多泄露产品秘密

销售人员：您好，欢迎光临，您是想选实木地板，还是复合地板？

客户：你好，我想要实木的，颜色比较浅、木材纹理比较清新的那种。

销售人员：您真有品位，我给您推荐枫桦木地板，您看这样的颜色和纹理，是您想要的吗？

客户：这地板的颜色是不错，不过我担心不容易保养。

销售人员：这点您放心，其实实木地板只要铺装好了，保养起来还是挺容易的，具体方法我们产品说明书里都有，您看一点儿都不困难……

客户：哦，那铺装会困难吗？

销售人员：这点您就更不用担心了，我们公司的最大优点就是服务质量高，公司会派人帮您铺装的，而且对铺装质量有严格监督。

客户：哦，这样挺不错，价格还能便宜吗？

销售人员：您运气真不错，现在正在做促销活动，您现在买可以打九折的。

客户：那就买了吧……等会儿，我看那边那个地板也很不错啊，和这个很像。

销售人员：那是枫木地板，和这个差不多的。

客户：哦，看起来一模一样啊，价格却差很多，有什么区别吗？

销售人员：当然有区别了，尽管看起来差不多，但却是完全不同的两种木材，那种枫木的材质更硬一些，是美洲产的，而这种枫桦木其实就是我国东北产的桦木，只是大家都这么叫，材质要软很多。

客户：那材质是越硬越好还是软点好？

销售人员：做地板当然还是硬的好了，硬木密度大，坚固，不容易变形。

客户：哦，那我还是再考虑考虑吧，先不买了。

……

沟通技巧

★客户本来已同意了成交，却在最后阶段看到了一款类似的地板，销售人员在接下来的介绍过程中由于透露了一些行业内的“秘密”导致客户对产品产生了怀疑，最终导致交易失败。

★销售人员还需要注意的是，介绍产品要扬长避短，产品的某些缺点并不会对客户使用产生什么影响，但如果直接告诉他，肯定会影响他的购买欲望，甚至成为他杀价或拒绝的理由。

情景116 慎用晦涩的专业术语

销售人员：您好，请问您是负责办公大楼用品采购的××先生吧。

客户：是我，你来得正好。

销售人员：您需要一个信件的分类投递箱对吗？有什么具体要求呢？

客户：我的要求是这样的……

销售人员：我明白了，您需要我们公司的CSI。

客户：什么是“CSI”？

销售人员：“CSI”就是您所需要的信箱。

客户：它是纸板做的、金属做的，还是木头做的？

销售人员：如果你们想用金属的，那就需要我们的FDX了，也可以为每一FDX配上两个NCO。

客户：我们有些打印件的信封会特别长。

销售人员：那样的话，你们便需要用配有两个NCO的FDX传发普通信件，而用配有RIP的PLI转发打印件。

客户：嘿！小伙子，你的话让我听起来十分荒唐。我要买的是办公用具，不是字母。如果你说的是希腊语、亚美尼亚语或法语，我们的翻译也许还能听出点道道，弄清楚你们产品的材料、规格、使用方法、容量、颜色和价格。

销售人员：我说的都是我们产品的序号。

客户：真是麻烦，我怎么知道那些序号是什么意思。那先给我一个板刷吧。

销售人员：什么样的板刷。

客户：你看这里乱七八糟的，我要一个能清理这里的板刷。

销售人员：那不如试试FHB吧。

客户：你这个家伙！再跟我讲这些我听不懂的话我可要发火了！你不是存心来戏弄我的吧。

销售人员：没有啊，这是我们公司的规定，要做到专业……好吧，FHB就是化纤与猪鬃的混合制品。

客户：见鬼，我怎么知道那是个什么东西！你真想看看我发火的样子是吧？

销售人员：就是……就是拖把。

客户：一个拖把你跟我费这么大的劲？你和你的公司到底打的什么主意？你最好马上离开这里。

沟通技巧

★产品的缩写代号可以让专业人士之间的沟通变得简单，但在客户面前使用无疑会让沟通变得更复杂。

★销售人员在进行产品介绍时应尽量用客户能够听得懂的语言，而不是专业术语或晦涩的语言。必须使用时，最好用浅显易懂的语言给客户解释清楚。

★“专业”并不意味着难倒客户，让客户不理解，它意味着应该以顾问的形象为客户提供专业咨询，为他们描绘即将发生的美好愿景，给他们解决实际问题，让他们从心理上对产品充满“渴望拥有”的冲动。

情景117 耐心解释清楚专业问题

在销售中，尤其是那些无法面对面接触的销售中，信息的传达非常重要，这更要求销售人员与客户的语言交流通畅无阻，否则谈话会变得难以继续。

销售人员：这台数码相机有很多功能，它拥有800万的像素，6倍光学变焦，自带一个2M的Memory Stick卡，还有配套的USB插口和6英寸LCD取景器……

客户：照出的照片清晰吗？

销售人员：先生，我已经说过了，这是800万像素的相机，而且我们是6倍的光学变焦，一般相机只有4倍光学变焦，所以您如果要求照片清晰的话那这款相机最适合您了。

客户：你就说照片照出来清楚不清楚吧。

销售人员：我们的镜头都是从日本进口的 VMX 系列，内存卡也是进口的，对于高像素照片可以瞬间写入。您说这种配置还能不清楚吗！

客户：算了，我再到别家看看吧。

（客户来到第二家相机店。）

销售人员：先生，您要看看这个相机吗？您真有眼光，这款相机现在卖得最好了，因为它价格很实惠，照出来的相片效果也很好。

客户：照出来的照片清楚吗？

销售人员（指着桌子上的一张漂亮的风景照片）：您看到这张照片了吧，这是用 400 万像素照出来的，我们的这个相机是 800 万像素的，比这个还要清楚呢。

客户（拿着风景照片爱不释手）：哦，这个就很漂亮了。这个是 400 万的像素，你们的能有 800 万的像素？比这个还要清晰一倍？

销售人员：对，而且我们的相机有缩放功能，您看，通过相机看对面大街上的汽车是不是很清楚？我们的相机可以清楚看到比较远的那辆黑车，但一般的相机只能看清楚那辆比较近的红车。

客户：哦，果然一放大就变得很清楚了，不错。这款相机有没有黑色的？

沟通技巧

★同样的问题，两名销售人员的表达语言完全不同，销售效果一目了然。当客户问及一个陌生术语的时候，切记不要搬出另一个术语来解释它，否则事情会变得更糟糕。

★“专业”的销售人员应该扮演“问题专家”的角色，应能对客户的疑问对答如流，而且能用客户听得懂的语言或借助其他物品进行产品介绍，这样效果会更好。试想，如果销售人员能够将产品的使用效果和相关产品信息给客户进行详细的描述和讲解，客户能不动心吗？

情景 118　多用客户熟悉的东西对比

销售人员：李大爷，您的奶牛养得真不错啊。

客户：别恭维我啦，我不会买你们的保险的。

销售人员：您的思路要放开一点儿啦，现在买保险可不是什么新鲜事，我猜您的很多邻居都买了吧。

客户：他们脑子都缺根弦，买那些没用的东西，瞎花钱，我不会买的。

销售人员：您是嫌贵吗？

客户：太不值得了，太贵了，我没有钱！

销售人员：您这么大岁数了，过几年您不能干活了，您家里靠什么来维持啊。

客户：这不用你管，老汉我结实得很呢。

销售人员：我是说如果，即使是再强壮的老牛也有干不动活的时候，您说是不是。

客户（犹豫）：哼，反正就是没钱。

销售人员：那这样吧，为了保证当您遇到困难时，你们全家人都能渡过难关，您愿意把那两头牛送给我吗？只当你们没有那两头牛好了。不管出什么天大的事，它们都可以保证你们不会走投无路。

客户：这听起来好像合算一点，我要考虑一下。

销售人员：您看，实际上买保险的钱和丢失两头牛的钱是一样的，您觉得自己吃亏吗？

客户：要是这么对比的话，似乎不是很贵了。

沟通技巧

★有时候，直接的产品介绍并不能让客户接受，而采用客户熟悉的东西进行对比，让客户明白自己会得到什么、失去什么，客户会更容易接受。

★针对不同客户，销售人员应该使用不同的沟通语言，而不要只用一个套路。

★“台上一分钟，台下十年功”，空闲的时候，销售人员要有意识地练习自己的销售陈述技巧，把自己要讲的话，配合图片、资料进行演示，同时设计多种陈述内容以便应付不同类型的客户。

第2节　正确报价

相信很多销售人员都有过这样的经历，本来显得很感兴趣的客户在听完报价之后马上转身就走，这是因为客户在购买产品之前会有一个大概的心理价位，在和销售人员交流的过程中这个心理价位总是在不断地调整，如果销售人员在不恰当的时机用不恰当的方式报出价格，而此时客户的心理价位还与这个报价差距很大时，销售就很难达成了。

1. 报价准备

销售工作是“持久战”，销售人员需要在这个岗位上慢慢积累人气。销售人员如果为了从某一个订单中多赚点钱而违背交易原则进行报价，不仅会使这次销售失败，还会损害自己辛苦积累起来的客户资源。因此，销售人员在销售之前应做足工夫，了解产品的定价依据、客户的实际情况和心理价位以及支付限制等，做好报价准备。

情景119　确定报价依据

销售人员：欢迎光临，请问您想选什么家具？

客户：我要买张床，想要好点儿的，请给我推荐一下。

销售人员：好的，请跟我来，这是我公司最新推出的一款高端产品，是我们尊贵幻想系列床具的主打产品。您看，它是由全实木制成的，工艺精美，外观非常华贵。

客户：哦，这应该是复古的风格，看起来确实不错，不过床必须要舒服点儿的，不知道这个怎么样？

销售人员：先生，您说得不错，我也认为选床时应把舒服放在第一位，不过您不必担心，这张床配的床垫是天然乳胶的，它具有良好的支撑力和可塑性，能适应各种睡姿，而且睡眠时乳胶床垫和人体的接触面要比其他床垫大得多，可以分散人体压力，具有矫正不良睡姿的功能。乳胶床垫还可以抗菌，它无噪声、无振动，能有效提高睡眠质量。

客户：是吗？那多少钱？

销售人员：这张床的售价是19 999元，因为现在刚上市做推广，目前促销价仅18 000元，便宜了差不多2 000元。

客户：太贵了，还能便宜吗？

销售人员：先生，其实这张床现在卖得很便宜了，您看产品说明书，这张床是用缅甸柚木制作的，柚木的价格大概在每立方米12 000元左右，制作这张床至少也得0.5立方米的木材吧，这就6 000元了，再加上人工费，运费还有销售费用，床架 10 000 元不算贵吧？再说这乳胶床垫，市场上卖 10 000 元以上的比比皆是，而我们的床架加床垫一共才卖 18 000 元，所以说一点儿都不贵。

客户：听你这么说也很有道理啊。

销售人员：是啊，先生，别再犹豫了，人生的 1/3 都是在床上度过的，您买一个好点儿的床享受生活还能有什么错吗？

客户：好吧，我买了。

……

沟通技巧

★案例中，若销售人员如果没有报价依据，连自己都说不清楚为什么报这个价格，更别想说服客户了。所以销售人员给客户报价前必须先确定报价依据，这个依据可以是己方的成本或者竞争对手的价格，也可以是给客户的利益或客户可接受的价格。

★报价后进行说服，还可以用下面的语言。

1. 我们的生产成本是××××，所以我给您报××××，不能算高吧？

2. ××牌子的都卖××××元钱，我们的质量比他们要好点儿，所以这个价格很合理吧？

3. 您想想，我们这件设备只需要您花××××元，但是它可以在连续五年内每年为您带来××××元的收益，您还会觉得它贵吗？

4. 您抽一包烟都要××××元，为什么还那么在乎花××××买这样一个可爱的小玩意儿？何况是送给您女儿的。

情景 120　给双方留余地

（某销售人员有一次在与客户进行价格谈判时，运用了“先大后小”的让步策略。当时该销售人员卖的是一种机械，市场销售的底价是 24 000 元，他对客户的报价是 26 000 元，对方嫌太高，让销售人员降价。）

客户：你们是我们正在考虑的 3 家供应商之一，我们考虑的是 3 个字“性价比”，我觉得你们只有降价才有可能得到我们的订单。

销售人员（他知道从 26 000 元到 24 000 元有 2 000 元的降价空间）：是的，您的意思我理解，我也是努力在配合您的工作，在我的权力范围之内我可以为您优惠 1 000 元。

客户：不，1 000 元远远没有达到我们的意愿。

销售人员：我确实有诚意和你们合作，我感谢你们的支持，我会努力争取再优惠 500 元。

客户：不，还是太高，我们无法接受。

销售人员：我们是第一次接触，为了支持您的工作，我再一次自作主张为您降价 200 元。

客户：唔，我感到你的诚意不够，如果你再降 100 元，我们就签约。

销售人员（表现出了很坚决的样子）：看您也是爽快人，我决定自己垫 100 元。

客户：好吧，合作愉快。

……

沟通技巧

★销售人员要提前预留一定的价格空间，以备在谈判中作出让步。因为在客户眼中，降价是天经地义的事情，当客户对其他方面都比较满意时，这时候只要有一定的降价就能成交，预留的价格空间就会派上用场。

★销售人员要注意这个价格空间要适度，如果空间太大，会直接吓退客户。太大的价格空间会让客户觉得水分太大，进而不信任销售人员。

★进行价格退让时，销售人员应这样做：让步要从大到小，一步一步地让；可以找一个替换条件，这个条件可以是附加的；要表现出你每退一步都是非常艰难的。

情景 121　不要吓退客户

（一个销售人员做了某品牌 MP4 的校园代理，他想在学生宿舍楼里进行推销。这天他拿着 MP4，来到了第一个男生宿舍门外。敲门之前他想这款 MP4 的进价是 80 元，自己报价高一些能多赚点儿，即使对方讲价也能有个回旋的余地，想好之后他敲门了。）

销售人员：同学，需要 MP4 吗，我的货很好很便宜，看看吧。

客户：多少钱？

销售人员：200 元一个。

客户：走走走，不买，这样的MP4居然卖200元，赶紧走！

销售人员：等等，真心买的话可以给你们便宜一点儿。

客户：便宜多少？

销售人员：100元一个。

客户：50元卖不卖？

（这时旁边还有人起哄，“5元卖不卖？”就这样，这个销售人员的第一次校园销售计划失败了。

沟通技巧

★销售人员刚开始的报价太高，而且第一次降价幅度太大，造成了同学们的不信任甚至敌视，销售失败自然是不可避免的了。

★做生意都想多赚钱，也确有必要在报价时预留一定的价格空间以备客户砍价时作出让步。但太高的报价只能吓退客户，即使马上作出让步也会使对方觉得不可信而导致最终交易失败，所以销售人员报价时应坚持“合理”原则。

情景122 坚持不轻易降价

销售人员：王主任您好！上次我们谈到的关于旅行包的问题，请问您和经理商量得怎么样了？

客户：我正准备给你打电话呢，我们商量过了，觉得你报出的价格太高了。

销售人员：王主任，我非常理解您，您处在这个位置上的确很难，一方面要为公司考虑，另一方面还要为员工负责任，是这样吗？

客户：是呀，所以你要理解我，如果你在价格上再让50元，我们马上就成交。

销售人员：我很想和你们合作，但是和你们合作之后，恐怕您就再也见不到我了。

客户：为什么？

销售人员：因为您刚才说的那个价格，是我们的跳楼价，给了你之后我就得跳楼。王主任，您忍心看我跳楼吗？

客户：你真逗，说真格的，有没有什么好办法可以让你不跳楼，我们还继续合作？

销售人员：很简单，那就是更换质量次一点儿的旅行包。

客户：次一点儿的旅行包？

销售人员：是呀，但质量我可不敢负责。

客户：那可不行，我必须对我们的员工负责。

销售人员：是呀，王主任，您看，我们也联系快半年了吧？您觉得我这个人怎么样？

客户：很好呀！

销售人员：谢谢！王主任，说句心里话，我觉得您这个人也非常好，在我心里早就把您当朋友了。既然是朋友，我觉得应该坦诚相待，您说对吗？

客户：对，没错。

销售人员：所以，坦诚地讲，我给您的价格已经是同行中最优惠的价格了，如果您觉得不合适，可能我们这次就不能合作了。不过没关系，我们以后还有合作的机会。

客户：你们真的不能再优惠了吗？

销售人员：是的。

客户：那好吧！目前我们的经费已经不多了，我再想想办法吧。

销售人员：那太好了，王主任，谢谢您，下次您来我们这里，我请您吃饭。

……

沟通技巧

★案例中，销售人员坚持自己的报价，拒绝了客户的降价请求，但是交易还是达成了。有时候降价并不是成交的最好方式，销售人员要相信自己的产品，只要质量好，价格高点客户也还是能够接受的，一味降价并不是好事。

★客户认为砍价是天经地义的，若购买了不降价的产品总觉得自己吃亏了。但作为销售人员，一定不能轻易降价，否则会让客户认为价格水分太大而一再要求降价，最终甚至会觉得产品不可信而导致交易失败。即使能够降价，也一定要显出很为难的样子，让客户认为已经砍到价格底线了。

★当客户提出某些方面的要求时，销售人员应尽量满足他们的要求。但适当拒绝客户的个别要求，恰恰是有原则的表现，也是一种以退为进的策略。所以，销售人员在恰当的时候要勇于说“不”。

2. 报价策略

同样的价格，采用不同的策略传达给客户，最终的效果可能完全不同。有时候客户可能会因为觉得“捡了天大的便宜”而马上成交，有时候客户会因为觉得“天价、疯子才会买”而拒绝购买。这就要求销售人员掌握报价策略。

情景 123　先价值后价格

销售人员：您好，想选什么样的自行车？

客户：我主要想骑车锻炼身体，闲了去野外玩玩，你给我推荐一款吧。

销售人员：您真是个热爱运动的人，我给您推荐这款山地自行车吧，24 速变速器、弹簧避震器、2.0 的轮胎，绝对适合您越野的想法，骑着又快又省力，安全性也比较高。

客户：那价格呢？

销售人员：您知道这种山地车都是比较贵的。这款车是××品牌的，这个牌子可以说是目前国内市场上的“领头羊”，它的质量和售后服务都做得相当好。您看看，这车架是铝制的，特别轻便，遇到骑不过去的地方，您可以很轻松地拎着它走过去，设计也非常人性化，像这类车子卖 3 000 元以上我都一点儿不意外，而它仅仅卖 2 000 元，现在正赶上促销，特价优惠到 1 800 元，这也是我给您推荐这款车子的原因，买它绝对是物超所值的。

客户：啊，这么说确实挺值的，我先试试！

……

沟通技巧

★先充分地展示产品的价值，然后才报出价格，让客户在充分了解产品的价值后，进而判断这件商品的价格是否合理，是否符合自己的心理预期，这样有助于达成交易，而且能避免双方就价格争论不休。

★在展示商品时，销售人员可以运用一些技巧来强化产品的优点以及针对客户需求的产品价值。

★循序渐进，一步步地把产品的价值展示出来之后，才报出价格，这是一个富含技巧的报价策略，销售人员应熟练掌握此技巧。

情景 124　让上级参与报价

销售人员：这个价钱实在是不能再低了，不然我们就赔了。

客户：什么赔了，再低你们也能挣。

销售人员：这个价钱我可真做不了主，要是这个价卖给您我可要挨骂了，这样吧，我去问问我们总经理，如果他同意我也没啥说的。

客户：好。

……

销售人员：久等了，我问过我们总经理，他说最多再便宜10元，这是最多的了。

客户：都便宜10元了再便宜点儿也不是问题嘛。

销售人员：您看，我也是给人打工的，这是我们总经理最后定的价了，我可不敢给往下压了。

客户：好吧，就这样吧，给我包起来。

……

沟通技巧

★客户心里总是有个念头，那就是“压价再多商家也有很大的利润”。所以销售人员在沟通中可以借助第三方的力量，例如找领导征求意见等，这会让客户觉得销售人员真是很为难，自己已经占了很大的便宜了。

★销售人员在客户强烈的砍价压力之下，可以去请示领导，也可以做做样子，让客户心里平衡一点儿，至于请示完的结果，则由销售人员自己控制。

★销售人员也可在报价之初就直接使用这个“让上级参与报价”的策略，省掉讲价的环节，节省成交时间，例如，“因为您是我们的熟客，我去请示一下我们的经理，看能不能给您打8折”；“我们近期要做促销活动，我去请示下经理，看能不能按活动优惠价给你”，等等。

情景 125　将压力抛给对方

客户：关于双方的合作，我们之间的谈判已经进行了一段时间了，在大多数条款上都取得了一致，唯一在价格方面，贵方没有表现出足够的诚意，要知道你们开出的价格是没人能够接受的，我希望今天能得到更合理的报价。

销售人员：当然，我们双方对这次合作都充满了期待，所以我们今天会给你们最优惠的价格，但我想确定的是在得到合理的价格之后，你们马上就能作出决定吗？

客户：当然。

销售人员：好吧，我们的报价是……

沟通技巧

★在报价前先确认对方能自己做主后，才将价格报给对方，可以预防对方运用“让上级参与”的方法（客户也经常用这个方法，即得到报价后，表示价格太高，需要请示领导才能做决定，消耗对方的耐心）。

★运用此法，销售人员要一再强调自己将给出的是最优惠的价格，这样报出价格的同时也把压力给了对方。

★这种方法适用于当客户的购买意向比较明确，对产品很感兴趣时。

情景 126 利用已成交者的订单

（某汽车销售人员会在公司的销售记录中寻找一些有影响力的客户，把这些人及其买的车型一一记录下来，并且每天都随身携带这份名单。一天，一个多月前来过的一个客户又来了，他是一家贸易公司的总经理。这名汽车销售人员高兴极了，他清楚地记得这个客户中意的是一款××品牌的车，之所以没买，是因为嫌价格太高。）

客户（环顾四周）：我上回看中的那辆××，还停在那里，没有谁付下定金吧？

销售人员（面带微笑）：哦，那个车啊，很多客户来了都要看上几眼，好车嘛，但一般人哪买得起，这不，它正等着刘总您呢。

销售人员（忙取来钥匙，打开车门）：刘总，这么好的车，您应该亲自驾驶一下，只有这样您才能感受到名车带给您的飘逸感。

客户（试完车，显得很满意）：这车确实不错，你看价格上能否再优惠些，或者我是否有必要换一辆价位低一点儿的？

销售人员（知道换车只是讨价还价的潜台词）：价格是高了一点儿，但物有所值，它确实不同一般，刘总您可是做大生意的人，开上它，多做成两笔生意，不就成了嘛。

销售人员（接着说）：哦，对了，刘总，××贸易公司的林总您认识吗？半年前他也在这儿买了一辆和这款一模一样的车，你们真是英雄所见略同啊。

客户（眼睛一亮）：哦，林总。他买的真是这种车？多少钱买的？

销售人员：他买的时候还没降价呢，所以还比您这个要贵一万元呢。

客户：是吗？他买的什么颜色的？

销售人员：林总挑的是黑色的，刘总您看，要哪种颜色？

客户（拍了拍车）：就这个红色的吧，看上去很有活力。

沟通技巧

★"利用已成交者的订单"更能让客户产生信赖感，这也是从众心理的体现。

★销售人员如果在报价时采用"利用已成交者的订单"这一策略，对于"已成交者"最好选客户熟悉的人，或者是名人，这是利用客户的追星心理。

★销售人员用这种报价方式，可用如下的语言。

1. 您家楼下的张阿姨昨天刚买了一件，我给您和她一样的价格吧！

2. 这套设备就是这个价，前几天湖南××公司购置了一套，成交价格比这多出10 000元。

3. 我给你们单位的人是统一价，优惠10元钱，他们经常来，不信您去问问。

Chapter 7

第7章 处理异议

一位推销书籍的销售人员约客户见面，客户说“没有时间”；好不容易见面以后客户又说这些书“外观太差”；销售人员费了半天口舌，客户又说“太贵”，最后没能成交。在整个过程中，客户提出的“没有时间”“外观太差”或“太贵”都是“异议”。销售人员只有正确地处理了客户的这些异议，才有可能完成销售。

什么是客户的异议？主要是指在销售过程中，客户提出的对达成销售不利的意见，例如，“这件衣服太贵了”“你的产品不如那个品牌的好”“我听说你的服务不好”，等等。当然，销售人员还要学会如何区分客户提出的异议，因为这些异议有真有假，有的还隐藏着某种目的。

- 真实异议：指客户提出的不购买产品的真实原因。例如，销售人员给顾客推荐了一款衣服，但是顾客的确不喜欢衣服的颜色，所以说“颜色不好”，拒绝购买，这个“颜色不好”的异议就是真实异议。
- 虚假异议：指客户为了摆脱销售人员的借口，或者客户提出的无关紧要的理由。例如，销售人员在销售中经常会听到“我忙、没时间”“我不需要”等拒绝见面的理由，其中大部分都是虚假异议，销售人员应弄清楚异议背后的原因。
- 隐藏的异议：指客户并不把真正的异议提出，而是提出各种虚假异议，目的是要借此假象促成解决隐藏异议的有利环境。例如，客户希望降价，但却提出其他如品质、外观、颜色等方面的异议，以期降低产品的价值，达到压价的目的。

销售人员在销售过程中应当首先辨别各种异议，然后再采用相应的方法妥善处理，进而达成销售。

第1节　正确处理客户异议

处理客户异议是销售沟通中的重要环节，在这个过程中客户会提出多种多样的异议，销售人员应一边解说，一边设法激起客户的购买欲望，最终如果能成功说服客户，就能完成销售。异议处理不当，就会失去这一单生意。所以正确处理客户异议对销售人员来说意义重大。

1. 处理客户异议的技巧

对销售人员来讲，客户异议是客观存在的，但客户异议并不可怕，因为对方提出异议说明他对你的产品感兴趣，而处理客户异议的过程就是引导客户购买的过程。销售人员只要能恰当地运用技巧，正确地处理客户异议，就可能促成交易。

情景127　事前做好准备

（有一名汽车销售人员，他把自己见到的所有客户异议全都收集起来，整理归类做成了一本小册子，然后向自己的很多同事及客户请教了应对这些客户异议的理想方式，最后把它们都熟记于心，用以处理每个客户提出的异议。）

销售人员：欢迎光临××汽车公司，请问您是给自己买车吗？

客户：是的。

销售人员：我给您推荐新上市的××汽车，小姐，请跟我过来。

客户：可是这是刚上市的车呀，都没见别人用过，不知道质量好不好？

销售人员：这个您尽管放心，毕竟这是××品牌的，质量不会存在问题。

客户：那倒也是。

销售人员：而且我们这款车是专门针对女性设计的，大油箱、宽轮胎、低底盘、助力方向盘，还有休息踏板等贴心设计，会让您开起来更舒服。

客户：可是这个车有点贵。

销售人员：您认为它贵吗？那请告诉我您想买大概多少钱的。

……

（这个销售人员总是充满自信、熟练地和客户交谈着，最后很多客户都是从他这里买了车，他也一直保持着良好的业绩。谈及他销售上成功的秘诀，他说就正是那本小册子。）

沟通技巧

★“不打无准备之仗”，销售人员在见到客户之前应将客户可能会提出的各种异议都列举出来，然后设计出应答语，这样真正面对客户时就可以做到胸中有数，从容应付。

★销售人员除了准备异议应答语之外，还应加强对专业知识的学习，包括产品知识、企业知识、竞争对手情况、当前市场形势等，并要将这些知识熟练运用到自己的产品介绍中去。这不但能提前解决异议，避免让客户提出更多异议，还可避免张皇失措、自乱阵脚的情况。

情景 128　选择恰当时机

（一家鞋店，生意繁忙，销售人员注意到有位客户对一双鞋子很感兴趣，看了很长时间，还时不时用手触摸皮鞋的表面，但却迟迟不肯下单。于是，销售人员走了过去。）

销售人员：您好，先生，这是我们这个月卖得最好的一款鞋，您真有眼光。

客户：这双皮鞋的设计、颜色都非常棒，真挺不错！

销售人员：那您还犹豫什么呢？因为它的皮质不是最好的，对吗？

客户：是啊，挺可惜的。

销售人员：您真是个行家，不过，您再看看价格，这个皮料的确不是最好的，若选最好的皮料的话，价格可能就要比现在这个价格高出好几倍了。它不仅仅外观、颜色做得棒，设计也很人性化，舒适度很好。不信您穿上那款试试，然后再穿上这款比较比较。

客户：我已经比较过了，穿起来确实非常舒服，那我就买了吧。

沟通技巧

★防患于未然！处理客户异议的最好办法就是在察觉到了客户某方面的异议后，先于客户提出来并给予解释，这样销售人员可以掌握主动，而且更容易取得客户的信任。

★客户异议不仅可以提前处理，也可拖延处理甚至不处理。对于那些模棱两可、含糊其辞或者是根本站不住脚的异议，销售人员应该暂时保持沉默，因为客户自己就可能会解决这样的异议。对于一些无法回答的奇谈怪论及容易造成争论的话题销售人员可不予回答。

情景 129 尊重客户的异议

销售人员：欢迎光临，这是我们公司新推出的××饼干，好吃又营养，纯绿色无糖食品，欢迎品尝。

客户：××饼干，什么味道的啊？

销售人员：这是巧克力味的，我们这里有免费的试吃品，您尝一下，好吗？

客户：不用了，我受不了苦的东西。

销售人员：没关系，您可以尝尝。

客户：都说了不能吃……

沟通技巧

★案例中，客户先问了什么味道，这说明他对产品的口味很关心。之后他对口味提出了异议，销售人员却无视客户异议，仍然让其品尝，自然造成了客户的不悦。

★客户的意见无论是对是错、是深刻还是幼稚，销售人员都必须重视、尊重，不能表现出轻视的样子，例如不耐烦、轻蔑、走神、东张西望、绷着脸、耷拉着头等。销售人员要正视客户，面部略带微笑，表现出全神贯注的样子。

★应杜绝在异议未处理的情况下强行进入销售的下一个环节的情况发生。

★在讲话语气上，销售人员也不能语气生硬地对客户说："您错了""连这您也不懂"；也不能显得比客户知道得更多，如"让我给您解释一下……""您没搞懂我说的意思，我是说……"。这些说法明显地抬高了自己，贬低了客户，会挫伤客户的自尊心。

情景 130 切忌和客户争辩

（某客户去某电脑城买电脑，一名销售人员接待了他。）

销售人员：您好，想看看笔记本还是台式机？

客户：笔记本吧。

销售人员：您想要什么价位的？

客户：七千元左右吧。

销售人员：好的，那您主要是用它来上网还是玩游戏、作图呢？

客户：我不玩游戏，我是搞平面设计的，所以要作图。

销售人员：哦，那我明白您的意思了，我给您推荐这款电脑吧。它采用的配置是：Intel 酷睿 2 双核 P8600 的 CPU，2G 内存，ATI Mobility Radeon HD 3470 的高端显卡，250G 的硬盘，14. 1 的高清屏。

客户：显卡怎么是 ATI 的？

销售人员：这款显卡处理图片比较好，我给您推荐这款机器主要就是因为这个显卡的缘故。

客户：不对吧，不是说 Geforce 的显卡更稳定么，ATI 的质量不行吧。

销售人员：不对，要说质量，稳定性，应该都差不多，因为计算机技术已经很成熟，像我们家用机的显卡在这方面的差距已经很难体现出来。作图的确还是 ATI 的更好点，它对图像的渲染能力更强，而 Geforce 的显卡运行速率高，能耗低，更适合玩游戏。

客户：你是忽悠我吧？我买电脑前咨询过我一个朋友，他说让我选 Geforce 的显卡。

销售人员：看来您的朋友根本不懂电脑，我在这个行业干了快十年了，这些我难道会说错？

客户：别人都不懂，只有你懂！我偏找别人去买……

沟通技巧

★“占争论的便宜越大，吃销售的亏越大”，与客户争辩，失败的永远是销售人员，所以销售人员永远不要试图逞口舌之利。

★在客户提出异议时，销售人员应耐心倾听并通过提问等方式了解产生异议的原因，然后寻找办法解决。最好通过具体事例、现场演示、借助辅助工具等方式进行，让客户切身感到自己的异议不合理，但不可与客户争辩，而应耐心引导。

2. 处理客户异议的方法

对于客户在交易过程中提出的异议，总的来说有以下几种处理方法：忽视法、补偿法、太极法、询问法（理由探索和反问）、直接反驳法和“是的……如果”法等。但在具体交易中对各种方法的使用需要由销售人员灵活把握，销售人员应根据当时的具体环境和具体客户等要素作出适当的判断，再合理运用某种方法，或者同时使用几种方法。

情景 131　忽视法

销售人员：欢迎光临，请随便看看。

客户：哇，这件 T 恤不错啊！

销售人员：是的，这是今年夏天的新款，现在厂家做活动，每件仅售 128 元。

客户：真不错啊，而且设计的整体风格特别像曼联的主场球衣，可惜颜色差一点儿，要是再红一点儿就更像了，你说是这样吧？

销售人员：您说的有道理，我帮您包起来吗？

客户：好的，谢谢！

沟通技巧

★“这件 T 恤不错啊……可惜颜色差一点儿，要是再红一点儿就更像了”——客户已经发出了明显的成交信号，此时销售人员应及时促成交易而不是说那些无关的题外话。

★“忽视法”就是以“不理会”来处理客户异议的方法。有些客户提出的一些反对意见跟当前的交易并不存在直接的因果关系，此时销售人员大可不必理会客户的这些异议，在客户满足了自己的表达欲望后，只需面带笑容地表示同意客户的看法就好了。

★当客户是想找借口逃避销售人员或者表现得模棱两可时，最适宜采用忽视法。但当客户的反对有所根据或认真提出了质问时，千万不能用这种方法。否则，客户会认为销售人员不够专业，甚至认为销售人员对他人不尊重。

情景 132　补偿法

销售人员：这种沙发的表面是用漂亮的纤维织物制成的，坐在上面感觉非常柔软。

客户：是很柔软，但是这种材料很容易脏。

销售人员：我知道您为什么这么想，其实这是几年以前的情况了，现在的纤维织物都经过了防污处理，而且还具有防潮性能，尽管比较容易脏，但污垢是很容易祛除的。

客户：真的吗？

销售人员：是的，我给您演示一下。

……

沟通技巧

★世界上没有十全十美的产品，任何产品都有缺陷，关键在于销售人员怎样向客户说明这个缺陷。

★虽然产品都有其不足之处，但是真正影响客户购买与否的关键点并不多，销售人员可以抓住这些关键点，通过强化介绍产品某些方面的优点，从心理上消除消费者对产品产生的不良印象，从而促成购买。

情景 133　太极法

销售人员：欢迎光临，这是我们公司新推出的××含片，是采用 2 000 米海拔高山上的一种野生植物果实提炼加工而成的，纯绿色无糖，能补充人体所需的各种维生素和微量元素。

客户：绿色食品，什么味道的啊？

销售人员：酸酸甜甜的，我们这里有免费的试吃品，您尝一粒，好吗？

客户：不，这东西颜色太黑，像中药一样，不会很苦吧？

销售人员：一点儿都不苦的，颜色是黑了点儿，但是您知道正是因为我们的产品是纯天然的绿色食品，所以才保留了天然健康的植物原色，而不像那些添加色素的食品那么五颜六色的。

……

沟通技巧

★案例中，客户先询问了产品的味道，这说明他很注重口味，而后又提出颜色太黑的异议，仔细分析就可知这个客户是因为黑色而联想到中药进而认为会有苦味，可见根源还是对产品口味不放心。销售人员肯定地告诉他没有苦味，并说明黑色是天然健康的颜色，保留了植物原色，这样从根本上改变了客户对产品颜色的印象，变不利为优势，促进了销售的达成。

★太极法能处理的异议通常是客户并不十分坚持的异议，特别是客户的一些借口，其最大好处是能让销售人员在处理异议的同时，迅速地陈述产品能带给客户的一些利益，以引起客户的注意。

★示范话术

☆ 就是收入少，才更需要购买保险，以获得保障。

☆ 就是身材不好，才需稍加设计，以修饰不好的地方。

☆ 我们这套读本就是专为激发小朋友的学习兴趣而特别编写的。

情景 134　询问法

客户：不，这倒不是个问题。

销售人员：哦，是吗？请您告诉我主要的问题是什么？

客户：嗯，我想要的是……体积大一点儿的。

销售人员：您想要体积大一点儿的？

客户：也不是，这个颜色不好。

销售人员：您觉得这个颜色不好？为什么？

客户：差不多吧。其实我关键还是担心售后服务。

……

沟通技巧

★通过提问探索客户提出异议的理由，然后采取相应的措施促进销售，这也是有效的处理异议的方法。许多客户提出的异议都是言不由衷的，或者并不是他的真正关心点，因而销售人员可通过提问把握客户隐藏起来的真正异议点。

★在向客户探索理由的同时，销售人员也可趁机思考客户的问题，以便给予客户更满意的答复。

★良好的提问技巧可帮助销售人员从被拒绝的困境中解脱出来，常用的提问话语如下。

☆ 为什么？

☆ 您是说全部都是这样吗？

☆ 那么，当时您是怎么处理的？

情景 135 反问法

销售人员：×经理，请问您还有什么顾虑？

客户：你们的售后服务不会出问题吧？

销售人员：我们合作了这么久，售后服务您还不了解吗？

客户：我希望你们能提供更多的颜色以供选择。

销售人员：×经理，我们已选择了五种最受客户欢迎的颜色了，难道您希望有更多颜色的产品来增加您库存的负担吗？

客户：我希望价格再降10%！

销售人员：×经理，我相信您一定希望我们给您百分之百的服务，难道您希望我们给的服务也打折吗？

……

沟通技巧

★反问法，就是销售人员把客户反对的理由概述一遍作为反问回馈给客户。这种方法可接连使用两三次，使对方再也找不出拒绝的理由。

★对于有过多次交往，比较熟悉的客户可以经常使用此法，常用话术如下。

☆ 您认为它的颜色不好？

☆ 您现在已经有了，所以不需要？

★这种反问不是让客户开始转变话题，就是让销售人员发现新的突破点，因此更有利于销售。

情景 136　直接反驳法

示例 1

客户：这房屋的公共设施占总面积的比例比一般的房屋要高出不少。

销售人员：您大概有所误解，这次推出的花园房，公共设施占房屋总面积的 18.2%，一般大厦公共设施平均达 19%，我们要比平均少 0.8%。

示例 2

客户：你们企业的售后服务不好，电话叫修都姗姗来迟！

销售人员：我相信您知道的一定是个案，有这种情况发生，我们感到非常遗憾。我们企业的经营理念就是“服务第一”。我们在全省各地的技术服务部门都设有电话服务中心，客户可随时联络在外服务的技术人员，客户电话叫修后两小时，技术人员一定到现场。

沟通技巧

★有些时候，在客户提出异议后，销售人员必须直接反驳并纠正客户不正确的观点，以加强客户对本企业产品、服务的好感。

★运用此法，销售人员应在遣词用语方面特别注意。态度要诚恳，对事不对人，切勿伤害客户的自尊心，要让客户感受到销售人员的专业和敬业。

★此方法适用于客户对企业的服务、诚信有所怀疑时，客户引用的资料不正确时，等等。

情景 137　“是的……如果”法

销售人员：您好，×先生，我是××公司的销售人员王×。

客户：哦，听出来了。小王啊，你上次给我设计的保险计划确实不错，就是金额太高了，而且我还有社保，所以购买这个保险对我来说意义不大，还增加了负担。

销售人员：是的，×先生，您有这样的想法，一点儿也没错，换做我也会有同样的想法。可是如果您再进一步考虑一下就会有不同的想法。社会保险确实给我们带来了一些保障，但是可能只是最低生活保障。您看，现在您家庭每个月的生活费是 3 000 元，而将来靠社保养老，按我们这个地区的平均水平来说，也就能拿到 1 500 元，您年轻时过的是月开销 3 000 元的日子，晚年却缩减到了 1 500 元，这就像看惯了等离子电视再去看黑白电视一样，您能适应吗？

客户：……

销售人员：还有，您也知道，医保报销只能报销一部分……

客户：确实是这样。

销售人员：另外，刚才您说金额太高，给您增加了负担。是的，每年增加了一笔支出，大多数人都要考虑考虑，如果我们能配合您的收入状况，让您选择适合您的交费方式，您看怎样呢？

客户：怎么交费？

销售人员：……

沟通技巧

★销售人员在销售产品时，客户可能会用主观偏见来拒绝，甚至会和销售人员的观点针锋相对。这时如果销售人员要表达不同意见，应尽量利用“是的……如果”这一句法，软化自己提出不同意见时的语气。

★用“是的”同意客户的部分意见，再用“如果”说明另外一种状况或许比这样更好，让客户在获得尊重的同时，增加一个选择。

第 2 节　常见的客户异议处理

一些像“太贵了”“不需要”之类的客户异议特别常见，处理方法也比较灵活，需要根据具体的情况来分析判断再选择适合的方法。销售人员遇到这些常见的客户异议时，关键是需要有清晰的思路并一步步深入解决。

1. 支付异议

客户的购买行为可以这样定义——他们需要得到产品的功能以满足需求，同时需要支付钞票。然而，需求是无限的，钞票却是有限的。这对矛盾致使人们在采购时总是讨价还价，提出支付异议。

情景 138　我买不起

销售人员：您好，欢迎您光临××汽车展厅，这是最新款的××轿车，1.8T，外观稳重，内饰华贵……非常适合您这样的成功人士使用，而且我们作为××汽车的专业经销商，已经经营多年了，您购买后可以享受到良好的服务。

客户：好是好，就是买不起。我是自己买车，可没那么多钱啊！

销售人员：打算买车的都是有钱人，连您都说没钱，我们这车都卖给谁去啊？

客户：呵呵，不要这样说，这款车我是很喜欢，但价格确实贵了点哦。

销售人员：关于这一点，其实我们公司也有考虑，我们可以为您提供多种付款方式，配合您的经济情况，绝对让您买得没有压力。您看，在我们专卖店有××银行的按揭代办点，买我们的车是可以分期付款的。

客户：是吗？你带我过去看看，我要好好咨询一下，其实我早就想买这款车了。

沟通技巧

★案例中销售人员利用银行分期付款方法解决了客户的“没钱”问题。

★销售人员遇到这类异议的时候应当以适当的语言激起客户的购买欲，同时摸清客户的真实处境：是真的没钱，还是目前钱不够；是对产品有疑问，还是想借此杀价。之后要对症下药，帮客户排忧解难。

★如果客户确实没钱，或客户企业暂时出现资金紧张等情况，销售人员可根据实情停止推销，但态度要和蔼，以免失去未来客户。

情景 139　手头现金不足

（一天下午，一位客户在某服装专卖店看中了一条裙子，价格是 300 元，此时客户摸了摸口袋，发现只有 50 元钱了。）

客户：我身上只有 50 元钱了，过几天再来吧！

销售人员：您带有信用卡吗？

客户：没有。

销售人员：您现在马上回家呢？还是会继续逛一会儿？

客户：我还要去取些东西再回家。

销售人员：您看这样行吗，您留下 50 元放在这里当做订金，然后过一个小时我下班后把这条裙子送到您家，您再付清余款。

客户：好啊！省得我再跑一趟，而且明天我就可以穿这条裙子了！

……

沟通技巧

★遇到客户暂时资金紧张，销售人员应站在客户的立场，帮客户排忧解难。针对不同的商品，销售人员可以通过不同的方式帮助客户解决手头现金不足的问题。

★保留优惠价格、预付定金、约定期限等都可以有效地帮助客户解决问题，但前提是加强客户购买的意愿。

2. 价格异议

客户认为“砍价”是天经地义的事情，因此销售人员在销售过程中会频繁遇到客户的价格异议。销售人员只有正确处理了这些价格异议，才可能成功完成销售。

情景 140　你们的价格太高

销售人员：先生，我给您规划的保险理财方案您看过了吗？明天我去拜访您，给您详细介绍一下，好吗？

客户：抱歉，我没有钱！

销售人员：先生，我知道只有您才最了解自己的财务状况。不过，现在先好好做个全盘规划，对将来才会最有利！

客户：你们的保险产品价格还是有点儿高，我没有那么多钱。

销售人员：我了解。要什么有什么的人毕竟不多，正因如此，从现在开始选一种方法，用最少的资金创造最大的利润，岂不是对未来的最好保障吗？在这方面，我愿意贡献一己之力，而且我们公司规定这个月底之前参与投保的客户可以得到一张××超市价值 50 元的购物券，还有××酒楼的打折券，这可是空前超值的。

客户：我再考虑考虑吧。

销售人员：不用再考虑啦，机不可失，失不再来。现在您这个年纪的人大部分都投了保，参保是一个趋势，与其晚投晚收益不如早投早获利，您说对不对？

再说到月底也不远了，下个月就没有赠送的东西了。

客户：我和我太太商量一下。

销售人员：好，那您看明天下午您有没有时间，我再来拜访您。

客户：好的，麻烦明天你来一趟吧。

沟通技巧

★如果案例中的方法都不奏效，销售人员可以尝试最后一个办法——作出一些价格上的让步，同时相应降低产品附加值。这个办法对那些只把目光放在价格上的客户很有用，他们往往对价格敏感，但对性价比的变化不是很敏感。

★其实，销售人员可以不必在约见客户时纠缠价格等细节，最好在客户有了购买意向时再详谈价格。

情景 141 太贵了，便宜点儿

（某销售人员在超市里销售多功能电饭煲，一位中年妇女对这款产品很满意，却对价格提出了异议。）

客户：太贵了，便宜点儿！

销售人员（不慌不忙地）：太太，您认为贵多少呢？

客户：大概贵 100 元吧。

销售人员（拿出自己的笔记本，在上面写下“100 元”字样）：那么，太太，您认为这个锅可以用多少年呢？

客户：十几年都不会坏吧？

销售人员：那您是想买一个能用十几年的电饭煲吧？

客户：那当然！

销售人员：那么，让我来帮您算一笔账，咱们就以最短的 10 年为例来计算，以您觉得总共贵 100 元来看，使用这种锅每年只不过贵 10 元，是这样吗？

客户：是的。

销售人员（边说边在笔记本上开始计算）：如果是这样，那么每个月又是多少钱呢？每个月就是约 0.83 元。

客户：哦。

销售人员：可是，太太，您一天要做几顿饭呢？

客户：一天大约两三顿吧。

销售人员（一边计算一边说，并不停地给客户看他的计算结果）：好，咱们一天就按两顿算，那么一个月就要做60顿饭。如果是这样的话，用这样的好锅做一次饭，比用普通锅做饭实际上贵不到2分钱，这回您还觉得贵吗？

客户：呵呵，你真会说话，那我就买了吧！

沟通技巧

★上述方法叫价格细分法，即把总金额转化为单体金额，降低客户对金额的敏感度；同时又把客户得到的利益分解为单体利益，强化客户对利益的敏感度。

★此方法尤其适用于那些单值较高、购买频率较低的耐用品。

★遇到此种异议，应对方法很多，销售人员应根据不同的情况实时选择，常见的应对语句如下。

☆“您是拿我们的报价与什么比较的？”（一定要让对方说得具体些）

☆“价格是应考虑的一个重要因素，但您是否认为价值也同样重要？请让我为您讲讲我们产品的价值。”（开始时先予以肯定，再强化产品价值）

☆“您打算支付的价格是多少？”（摸清客户的价格底线）

☆“这个产品可以分期付款，你们也更容易承受。”（有利于提高客户对价格的承受力）

☆“您的投资额是每月××元，也就是每天×元，每小时×元。我估计您在××月内能挣回这笔投资。”（务必要正确地测算有关的数据）

☆“那么我们的看法相同，价格并非是购买决策时考虑的唯一因素，货物的价值也非常重要，是不是？”（引导客户关注产品价值）

☆“让我谈谈我公司的××产品（服务项目）将带给您的价值……”（指出产品给客户所带来的利益）

情景142　这牌子的产品太贵了

客户：哎呀，这牌子的摩托车太贵了！

销售人员：您说得对，一般客户开始都有和您一样的看法，即使是我也不例外。但您在使用后就会发现，这个牌子的摩托车质量非常好，您要是买一台质量差的，以后的维修费可能就是个无底洞，相比之下这种摩托车的价格并不贵。

……

沟通技巧

★如果客户说“你们的产品太贵了”，销售人员可以先表达与客户有相同的看法，以使客户感觉得到了理解和尊重，然后再亮出自己的观点，强调产品的品牌价值，让客户明白“一分价钱一分货”的道理。

★这样的异议经常能听到，销售人员应把它当做一个机会认真对待，因为解释价格差异原因的过程实际也是强调产品品牌价值的过程，这个过程为销售人员创造了继续推介商品、刺激客户购买欲望的机会。此时，销售人员可以向客户解释商品价格高的原因，把品牌价值分解为客户可以感受到的一些方面（像质量保证、售后服务保证、退换货标准等），再次对商品进行价值包装。

情景 143　见过比这便宜的

客户（一位中年妇女）：这个电磁炉多少钱？

销售人员：528 元！

客户（一脸惊讶地）：哦，太贵了！我在××卖场见过和这差不多的，才卖 436 元。

销售人员（将电子开关按开，电磁炉开始工作，然后解释产品的优点、特性，还让这位中年妇女实际操作）：价格是稍微高了一点儿，不过，您看到的是否和这个一样呢？

客户（似乎忘了价钱的问题了，只是兴致勃勃地操作着那台电磁炉）：……

销售人员：大姐，您是否发现炉面已经被磨成不反光的了？如此一来可以间接保护主妇们的眼睛不受损呢！

客户：哇！真是太棒了，我就买这个了。

销售人员：您真会选东西！

客户：还要谢谢你呢！

沟通技巧

★案例中，销售人员很好地把握住了机会，通过亲自操作产品给客户看、解释为何价格高等，强化了客户对商品所能带来利益的感受。到最后，价格高不再是问题，商品的优点给客户的感受非常深刻，销售成功了。

★处理这个异议时应注意：如果客户所提出的预期价格与商品的价格相差无几，销售人员可通过强化商品价值和给客户带来的利益的方法来刺激客户购买的欲望，从而促成销售。如果客户所提出的预期价格与商品的价格相差很大，则意味着客户可能没有购买意愿，或者销售人员的商品叙述没有切中客户的需求，这时，销售人员应切记，要与客户做朋友，为下次的生意继续铺路。

情景 144　过时了，便宜点儿

客户：这件衣服是挺好的，可惜过时了，是去年流行的款式。

销售人员：是的，您真是个行家，一眼就看出来了，正因为它是去年的款式，现在买才是最划算的。

客户：为什么这么说？

销售人员：现在相比去年刚上市的时候，这件衣服已经便宜了 100 元了，尽管有点过时，但您穿着会显得很大方，最近这件衣服卖得特好。

……

沟通技巧

★很多客户在购买时会提出“款式过时”的反对意见，以求降低价格，对此销售人员可以适当降价或者采用其他异议处理方法，如给客户补偿等。

★运用此法，常用话术如下。

☆ 这款产品尽管是几年前出的，但到现在从来没降过价，而且还卖得特别好，正好说明它不会贬值。

☆ 尽管是去年出的产品，但看看它的外形，恐怕再过十年也不会过时。

☆ 是的，它的确是很早的产品了，但它的质量永远是最好的。

☆ 是啊，它刚面市时候的价格是现在的两倍多，现在买最划算了。

情景 145　太便宜，不够档次

客户：这台笔记本的外观设计真漂亮，配置也挺好的，而且便宜，可惜这品牌没听说过，不上档次。

销售人员：是的，我们这个品牌的电脑确实卖得很便宜，但这正好也是我们的优势。如您所说，我们的电脑在设计和性能上都是一流的，却以很低的价格销售，我们的理念就是最大限度地回馈消费者，物美价廉是我们永远的宗旨。您看我们的广告也不多，只要把产品做好自然有人会买。

客户：是吗？那你们这个牌子的电脑质量有保证吗？

销售人员：您放心吧，我们的质量和服务绝对不比其他任何厂家差……您选择我们的品牌是非常有眼光的，您看上去是一位非常实在的人，而我们品牌提倡的恰好是脚踏实地、口碑营销。

客户：听你这么说也确实有道理，你再给我介绍一下这个型号的配置以及特点吧。

销售人员：好的……

沟通技巧

★有些客户习惯于购买高价格的产品，他们认为只有这样才能与自己的形象匹配，显示自己的高品位。对于这样的客户，销售人员只能给他灌输新的消费理念，让他相信购买这个产品更能体现自身的个性和品位。

★追求“物美”是人们消费时的普遍心态，但“价廉”往往会让人们对产品产生怀疑，这时销售人员必须给客户一个肯定的答案，强调“物一定美”。

3. 需求异议

生产过剩、买方市场，这些因素导致客户的需求越来越多样化、个性化，客户需求方面的异议自然也屡见不鲜，销售人员必须学会如何处理客户异议。

情景 146　不需要

客户：我觉得我的孩子现在根本就不需要买保险。

销售人员：凡事总是未雨绸缪的好呀！我给您介绍的险种都很适合宝宝的，万一孩子被猫抓、狗咬了，都在保险范围内。而且别说还早，太太，请您闭上眼睛回想一下！小宝宝从会爬到站起来，蹒跚地走出人生的第一步，似乎才是昨天的事，您看他现在叫起爸爸妈妈来多叫人疼爱，再过不久他就要背着书包上小学了，时间过得多快啊！

客户：是啊，时间过得好快！

销售人员：买保险永远不嫌太早，只怕您买得不够。趁现在保费便宜，先准备一些教育基金，将来孩子一定会感谢您为他设想得细致周到。孩子每年的压岁钱就够交保费的了！

客户：唔……

销售人员：您希望用月缴的方式还是季缴？

客户：说的也是，我选择季缴吧！

沟通技巧

★案例中在客户表现得模棱两可的时候，销售人员通过现实生活中的一个形象例子，强化了客户需求，坚定了客户购买的决心。

★销售人员经常会听到“我们不需要”或“不感兴趣”之类的话，此时不要失去耐心，不要受此影响，应通过解决这个异议，加深客户对产品的了解，强化客户的需求感受，这样才能成功完成销售。

★客户有些方面的需求在很多情况下并不能被自己察觉到，所以，销售人员首先应该表示客户这么说非常正常，然后要争取到继续交流的时间，再通过各种方法，运用有技巧的话术挖掘客户的潜在需求。

情景 147　没有购买计划

客户：我们现在不买。

销售人员：我知道今天给您打电话有点唐突。

客户：知道就好。

销售人员：能耽误您一会儿，请教您几个问题吗？

客户：讲吧。

销售人员：你们公司现在不买，一定是有原因的，您能告诉我吗？

客户：哦，主要是我们现在没有购买这种产品的计划。

销售人员：我理解，但是，如果我们今天讨论的产品能为贵公司带来直接的利润，您认为怎么样呢？

客户：有这么好的事情吗？

销售人员：当然。

客户：你给我发一份详细的资料过来吧。

销售人员：好的，您的邮箱地址是……

沟通技巧

★案例中，客户明确地表达了没有购买计划，但销售人员没有放弃，他通过引导客户换位思考，对产品进行价值成本对比，创造了成功销售的机会。

★客户提出“没有购买计划”的异议并不可怕，没有计划并不代表不可能买，销售人员此时应当首先争取到继续沟通的时间，然后再运用各种方法来刺激客户的购买意愿。

情景 148　已经有其他供应商了

客户：我们已经有其他供应商了。

销售人员：您真有眼光，××公司的产品的确不错，他们在行业内的口碑也很好。不过，时代在进步，一切都在变化之中，我们公司最近推出了一款新产品，在性能和质量方面比目前市面上其他产品更胜一筹，而价格却便宜 10%。我建议您不妨尝试一下我们的产品。

客户：是吗，那你说具体点儿吧。

……

沟通技巧

★销售人员在销售时，很可能会遇到客户已经有供应商的情况，此时千万不要贬低客户现有的供应商。聪明的销售人员应该赞美客户现在的供应商，同时巧妙地展示自己产品或服务的优势，让客户作比较。

★常见的应对话术：

☆ 我真替您的供应商感到荣幸，能够与你们这么有实力的公司合作，我相信他们一定在很多地方做得不错。我今天打电话给您，是希望有机会在将来的某一个时候为您服务，多个朋友多条路，多个供应商就多种选择嘛，您说是吗？

☆ 我当然知道，像贵公司这么有名的企业肯定有许多供应商排着长队来为你们服务，有供应商是非常正常的事情。上个星期，我们的市场调查员做过一个调查，结果显示，我们的产品在降低成本方面占有更大的优势，如果您对降低成本感兴趣的话，我们可以好好探讨一下。

4. 自身原因的异议

除了前文中的三种异议外，客户还经常以各种自身理由拒绝销售人员，当然，这些理由可能是真实的，也可能是客户拒绝的借口。怎么办？销售人员先要判断其真实性，然后再运用合理的方法进行处理。

情景 149 改天再谈

销售人员：您好，是李总吗？我是××公司的××，我们公司最近推出了……

客户：改天再谈吧，我现在不方便！

销售人员：不好意思，李总，只耽误您几分钟时间！长话短说，我简单介绍一下可以吗？

客户：那你快点儿讲吧！

销售人员：我们是专业开发××软件的公司，现在有两千多家用户，遍布各行业，像××公司就是我们的用户。我们的系列软件都是针对制造业的，对企业有一整套集成解决方案。（稍作停顿）最近我们在搞推广活动，希望能够到贵公司做一下专业技术介绍。

客户：不用了，我们现在还没有这方面的打算！

销售人员：呵呵，李总，我们只是想做个技术介绍，为您以后购买提供一个参考，您也会多一个选择，您不妨了解一下。

客户：这样啊……我们现在比较忙，可能没有时间听你介绍。

销售人员：要不这样好不好，我先给您发一份邮件过去，您先看看，然后我再和您联系！

客户：好吧，你发邮件过来好了。

销售人员：您的邮箱地址是……

（发邮件，一天之后）

销售人员：您好，李总，我是××，资料收到了吧！

客户：××？哦，收到了。

销售人员：您有没有抽时间看一看？

客户：太忙了，还没有时间看！

销售人员：您可以看一看，我们的技术是很好的。

客户：……好吧，你什么时候过来一下好了。

销售人员：这样吧，明天上午您有空吗，我过来介绍一下，时间不会很长的。

客户：好吧，明天上午，就半个小时吧！

销售人员：好的，没有问题，几点钟？

客户：9点吧！

销售人员：好的，我明天上午9点准时到，谢谢李总，明天见！

沟通技巧

★听到客户的直接拒绝，销售人员没有放弃，最后客户主动要求他去进行技术介绍，销售人员距离销售成功又近了一步。

★客户以此种借口直接拒绝，通常是他们对销售人员推销的产品根本就不了解。他们常常不作任何考虑就习惯性地拒绝推销，这时候销售人员不能被对方的气势吓倒，应该保持强大的自信心，首先争取到与对方交谈的时间，然后抓紧时间开门见山地向对方介绍产品，以引起对方兴趣，为下一步的销售工作做铺垫。

情景150 很忙，没时间

销售人员：张总，你好，我是××公司的××……

客户：我很忙，没时间，就这样吧！

销售人员：张总，真不好意思，我也打过多次电话了，知道您很忙，所以只想占用您三分钟的时间，简单地谈一下××项目的事情。

客户：那好，就三分钟，这儿还有很多事情等我处理呢。

销售人员：据我了解，贵公司承建的××项目需要用到××建筑智能管理系统。

客户：是啊。

销售人员：我们公司的主打产品就是××系统，该产品目前在国内处于领先地位。而且我已经和××项目甲方的技术负责人××工程师交流过，他很认可我们的产品。我想贵公司作为该项目的承包商，能够和你们合作对各方都有好处。所以我就再三和您联系，希望能和您面谈一次，那样您对我们的产品了解得会更详细些。

客户：这样啊，那好，今天下午你过来吧，我在办公室。

销售人员：那我就下午两点半准时到您办公室拜访。

客户：记得带齐资料。

销售人员：一定！

……

沟通技巧

★客户的直接拒绝没有吓退销售人员，销售人员争取到了向客户详细介绍产品的机会。

★遇到性格比较直爽的客户，尤其是在你的产品能够给对方带来利益的情况下，常见的客套话能省则省，单刀直入、直奔主题，如果能在开始的前三分钟引起客户的兴趣，就有希望成功。

情景151　我要再考虑一下

销售人员：毛经理你好，我是××，××公司的。

客户：你好，有什么事情吗？

销售人员：是这样的，我昨天晚上看到一则新闻，报道说“福建一带最近遭到台风袭击”，所以特地给您打个电话问候一下，贵公司没有受到什么影响吧？

客户：还好，没什么大的影响，谢谢你的关心。

销售人员：那就好，不用谢！我听天气预报说这两天还有大风，这几天你们外出的时候一定要注意安全啊。

客户：好的！谢谢你。

销售人员：顺便问一下，上一次我们谈到的关于贵公司的招聘广告发布，大约会安排在什么时候进行呢？

客户：哦，这件事情，我们还没有定下来，还需要考虑一下。

销售人员：的确，认真考虑一下是必须的，这样比较保险；另外，毛经理，能请教您一个问题吗？

客户：请讲。

销售人员：请问您能告诉我您心里的顾虑吗？看我能不能帮得上您。

客户：我们还是很担心效果问题。收到简历的质量与数量会影响招聘周期。

销售人员：毛经理，您说的完全正确，招聘效果的确是最应该关心的问题。这样吧，为了让您放心，我提供一些我们公司以前服务过的客户名单和电话给您，我相信他们能给您满意的答复。

客户：好的，谢谢。

销售人员：别客气，请问您旁边有纸和笔吗？您记一下好吗？

客户：好的。

……

销售人员：这样吧，您可以先和他们联系，我会在明天下午两点钟之前给您电话，听听您最后的决定，好吗？

客户：好的。

……

沟通技巧

★销售人员通过提供以前服务过的客户的名单和电话，让客户对招聘效果等问题进行调查，从而解除了客户的顾虑。

★遇到这类异议的时候，销售人员不妨以聊天的口吻"旁敲侧击"，找出客户心中的"结"，再加以化解，以便让客户放心地购买他所喜爱的商品。

★销售人员需要掌握的处理思路如下。

1. 让客户说出内心的顾虑。
2. 当客户说出真正的原因时，首先要感谢他，其次要运用同理心消除客户的顾虑。
3. 找到让客户满意的解决方案。

情景 152　还得再比较比较

客户：对不起，我现在不想买，还想比较比较。

销售人员：我理解您，比较是应该的，我在买东西时也会多比较几家的，通常会考虑这个产品的质量怎么样，使用后效果如何以及对我能够起到什么作用。

客户：是这样的。

销售人员：那您能告诉我您主要是想比较哪方面吗？

客户：也没有什么具体的，只是我现在还不太了解你们的服务，不知道到时能不能兑现。

销售人员：这个您放心，我向您保证我们的售后可以在24小时内解决故障，让您的工作更轻松。

客户：……

销售人员：您看怎么样？

客户：好吧。

沟通技巧

★客户如表示要再考虑一下，销售人员首先要表示理解，要从客户的角度来考虑问题，然后可通过提问找出客户疑虑的真正原因，随后采用适当方法打消客户顾虑，并在恰当时机进行购买确认。

★通常情况下，如果客户提出“要比较比较”的异议时，说明他目前对产品已经比较满意了，但内心还有一点点顾虑。这时候销售人员可以巧妙地探寻出客户的顾虑是什么，然后再加以消除。但千万不能逼客户太紧，那样反而会弄巧成拙。

5. 对销售方的异议

客户在决定购买前还经常会对销售方的服务、信誉或产品质量等提出异议，销售人员必须及时打消客户这方面的误解，因为一旦客户认定自己的想法是对的，不但不会购买产品，还会进行负面宣传，影响面会扩大。

情景153　产品质量不好

客户：你们的产品质量过关吗？

销售人员：您对我们产品的质量有疑问吗？您能不能谈谈为什么会有这样的想法呢？

客户：因为我感觉这种产品很少能做到99%合格。

销售人员：这个您放心。现在这个行业发展特别迅速，我们公司的技术也在不断加强，去年的产品合格率已经在99%以上了。

客户：是吗？

销售人员：如果您实在不相信，请先试用一下，怎么样？

客户：这个……好吧。

沟通技巧

★客户产生怀疑是由于他们对销售人员或产品不了解，此时要消除客户的不信任，就要找出相关的证据来证明，否则，空口无凭，客户的不信任感会增强。

★相关证据，可以是国家相关部门的认证、获得的奖项、专家的鉴定报告等，也可以让客户先亲身体验一下产品。

情景154 你们的服务不好

销售人员：您好，请问是马经理吗？

客户：是的，请问什么事？

销售人员：马经理您好，我是××旅行社的××，有个事情想请您帮个忙！

客户：不用了，你们做生意都不诚实，我用过你们的卡，可是根本没有打折，我已经把你们的卡扔掉了。

销售人员：我知道，这就是我今天给您打电话的原因。我相信一定是我们哪方面工作做得不好，导致您有这种想法。我本人深感抱歉！请问是酒店的人告诉您不能打折的吗？

客户：是呀！

销售人员：请问您是直接拿卡去酒店前台打折吗？

客户：对呀！

销售人员：我应该向您道歉，一定是我们公司发卡给您的工作人员没有说清楚，其实这个卡必须通过电话预订之后才能打折，如果是直接到酒店前台是不能打折的，这是我们与酒店协议中规定的。

客户：是这样的呀，那我错怪你们了！

……

沟通技巧

★销售人员成功地把握了客户的心理，通过沟通找出了问题的症结所在，又巧妙地将客户的错误引到了自己身上。俗话说，“伸手不打笑脸人”，销售人员在整个交谈过程中谦虚、真诚并深表歉意，很好地消除了客户对销售方的不信任，解开了客户心中的疙瘩。

★遇到这类异议时，销售人员一定要纠正客户的错误理解，因为没人会愿意购买服务不好的企业的产品，但沟通过程中要特别注意以下几点。

1. 当客户非常生气时，销售人员应该立即道歉。

2. 运用同情心，让客户平静下来。

3. 当知道客户犯错误之后，应把客户犯的错误巧妙地引到自己公司的员工身上，这样能为客户保住面子。

4. 找到客户不满意的地方，提出相应的解决方案，争取下一次谈话的时间。

Chapter 8

第 8 章
适时成交

很多销售人员的基础素质很好，能够很好地介绍产品、处理客户异议，也能给客户留下良好的印象，但往往因为在交易的最后关头——成交这个环节处理不当而前功尽弃。因此，想要成为一名优秀的销售人员，必须学会如何促成交易。

第 1 节　促成交易

在销售沟通中，促成交易是画龙点睛之笔，客户可能正在犹豫，这时，销售人员只需巧妙地轻轻一点，就可以宣告整个销售过程的完成。

另外，销售人员要善于把握成交的时机，及时提出购买建议，同时语气要自然、态度要随和，不要让客户感觉到你迫切地想成交，也不要让客户感到压力，否则会弄巧成拙，丧失机会。

1. 引导客户

“成交才是硬道理。”在完成产品介绍、处理完客户异议以后，销售人员要引导客户向成交迈进，帮助客户下决心；同时也可能要重新考察客户需求，纠正客户的一些误解，打消客户的顾虑，成功引导销售。

情景 155　让客户说出期望

销售人员：刘先生，您心目中是否已经选定了某个型号的电脑呢？还是希望我为您介绍一款？

客户：你给我推荐一款吧。

销售人员：好的，请问刘先生，您是从事什么职业的？

客户：我是一名老师。

销售人员：是吗？那我该叫您刘老师了，有机会一定向您学习。请问您买这款电脑是不是主要在讲课的时候使用？

客户：是的，因为最近出差讲课比较多，我觉得买个笔记本电脑比较方便。

销售人员：没错，笔记本带着方便。另外，刘老师，除了上课，您还会用电脑做什么呢？

客户：一般就是在上课和写书时用，其他就很少了！

销售人员：写书！您还是位作家！真了不起！今天能为您服务实在是我的荣幸。

客户：过奖了。

销售人员：写书很辛苦吧，您是不是经常需要对着电脑很长时间？

客户：是这样的。

销售人员：您有没有在写书很累的时候想听听音乐或者看看电影放松一下，找找灵感，有这种情况吧？

客户：确实是这样，我喜欢听中国民族音乐，电影我倒是不喜欢用电脑看，屏幕太小。

销售人员：好的，刘老师，这样的话，我给您推荐型号为××的电脑，它的机型超薄，重量仅有1.6千克，方便您出差时携带；这款机器采用的是高清的润眼屏幕，因为您要长时间对着电脑，所以对眼睛的保护也必须考虑；另外，它的音响效果也特别棒，方便您在放松的时候听音乐。您看除了这几点外，还有别的需要吗？

客户：这就很好了！不知道质量怎么样？

……

沟通技巧

★销售人员通过询问，了解了客户购买电脑的用途，弄清楚了客户的期望，然后针对这种期望，为其推荐满足其期望的产品，这对于成交是很有帮助的。

★无论客户异议处理的情况如何，销售人员都要引导客户说出他的真实期望。只有掌握了客户期望，才可能给客户提供更合适的产品以满足他的需求，并顺利达成交易。

情景156 增强客户购买信心

客户：经我们研究，你们的产品基本上符合我们的要求，只是对产品质量，我们还是有些担心，毕竟以前没有用过。

销售人员：这个您放心，我们的产品都是经过严格检测的，这款产品的理论数据是：连续使用5万个小时无质量问题。

客户：哦，是吗？

销售人员：是的，这款产品的生产要经过11道工序，而每道工序都有专门的质检小组，随时进行质量抽检。上市以来，已经在全国50多个地区销售了200万台，还没有发生一起退货事件。另外，即使使用中出现故障，我们也有售后服务中心，24 小时内解决产品售后发生的各类问题。这是合同，您还要再仔细看看吗？

客户：好，拿过来。

……

沟通技巧

★销售人员运用数据打消了客户的疑虑，增强了客户的购买信心。

★在面临选择时，客户总会显得很犹豫甚至很任性，此时销售人员应该理性、深入地剖析问题，让客户明白这笔交易对自身的价值，当然，论证时要有理有据，给客户专业的感觉，让客户放心购买。

★运用精确具体的数据信息说明问题可以增强客户对产品的信赖。销售人员在运用此技巧时应注意以下几点。

1. 必须保证数据的真实性和准确性。

2. 用影响力较大的人物或事件说明。

3. 利用权威机构的证明。

情景 157　适当激励客户购买

销售人员：您好，王总，我是××公司的××，在我们公司的邮箱中看到了您的留言，您对我们公司市场营销方面的培训课程课件感兴趣，是这样吗？

客户：对，我们公司最近打算做内部培训，你们那个培训课程的课件怎么收费啊？

销售人员：是这样的，王总，我们营销方面的培训课程目前有很多，主要是针对一线销售人员和营销管理人员，价格分别是 1.5 万元和 2 万元。

客户：还是有些贵了。

销售人员：鉴于贵企业在行业内的名望，又是积极的公益事业参与者，能跟贵公司合作是我们的荣幸，因此我已经跟公司申请给您打 9 折，要知道即使那些和我们长期合作的老客户也享受不到这样的折扣呢！另外，使用了我们的课件，贵公司员工的工作绩效会整体提高，这能为企业创造出更多的效益，您觉得我们的价格还高吗？

客户：是吗？这个课件有什么售后服务啊？

销售人员：在一年时间内，我们会定期与贵公司联系，了解贵公司使用我们课件后的效果，同时根据实际培训情况及市场变化，我们会对课程进行修改，或者根据贵公司的要求进一步开发更适合你们员工培训的产品，不过新产品得另外收费了。王总，您看我们什么时候签合同？

客户：好，明天上午十点你来我们公司吧。

……

沟通技巧

★销售人员在沟通中夸赞客户企业的名望，并说“能跟贵公司合作是我们的荣幸”，一则说明销售人员对客户关注、重视，二则是对客户的一个激励，客户会引以为傲，这自然拉近了双方的关系，也使给客户打折有了充分的理由。

★客户不仅需要劝说，往往还需要激励。在销售沟通中尤其是成交阶段，适当的激励会让客户变得感性，更有利于作出购买决定。当然，不是每个客户都像该案例中的企业那样有名望，但每位客户必然都有自己引以为傲的优点，这就看销售人员如何把握了。

情景 158　纠正客户的错误理解

（刘先生在家具城看中了一套皮沙发，价格却比他预想的要便宜一半。）

客户：这沙发看起来不错，而且很便宜。

销售人员：是的。这套沙发物美价廉，很受欢迎，卖得特别好。

客户：是真皮的吗？

销售人员：这套沙发，在身体能接触到的部分都是真皮的，像垫子的顶端、扶手、背靠的部分等，而扶手下面和整个沙发的背后全都是用合成皮做的，合成皮要便宜很多，低成本造就了它的低价格。您再跟我来……，看这边这个沙发，和刚才那个基本一样，但全是真皮的，价格就贵了差不多一倍。

客户：这样啊，现在这些商家就知道弄虚作假，要不是你说明白，我今天可就上当了，果然便宜没好货啊！

销售人员：先生，是有您说的这种状况出现，但我们的产品绝不会这样。这个品牌已经有30年的历史了。而且，关于合成皮，在产品说明书里写得很清楚。另外，合成皮和真皮一样持久耐用，那套便宜的沙发，身体接触部分全是真皮做的，不会有人察觉那个沙发和真皮沙发有什么区别，是真正的物美价廉。选择哪一个，就看您的承受能力和心理预期。

客户：是吗？听你这么说我觉得也很有道理。

销售人员：别着急，您慢慢考虑，总之，这两款沙发各有各的优点。

客户：那我还是买那个性价比高的吧。

……

沟通技巧

★因为两款沙发所用材料不同导致价格差异大，致使客户产生“商家弄虚作假”的错误理解。销售人员通过对比讲解，用事实告诉客户自己没有欺诈客户，并让客户自己选择购买哪一款。

★在引导客户的过程中，当遇到客户对某些产品或者服务理解错误的时候，销售人员不要担心更正误解会导致客户不满而达不成交易，特别是当客户对企业的服务、诚信有误解时，一定要直接告诉客户，因为客户是绝对不会选择服务、诚信有问题的企业的产品的。如果销售人员坦白地告诉了客户真相，大多数人都会因此完全改变看法。

2. 成交技巧

在引导客户走向成交的阶段，销售人员如想顺利地向“成交”的最终目的迈进，需要使用一些技巧。

情景 159 谨慎承诺

示例 1

销售人员：赵总，您看我们设备的尾款该付了吧！

客户：好的。小李，你上回说的为我们免费维修老设备的事，你看是不是也该兑现了呀？

销售人员：赵总，我们的服务部说这款设备我们维修不了，真是对不起。

客户：啊？那你当初没有搞清楚就下承诺！……

示例 2

客户：这个质保是多久？

销售人员：质保两年，您不用担心。

客户：那边那个牌子不错，也是两年吗？

销售人员：那个就不是了，那个是按照出厂时间算的，不是按销售时间算，如果算上出厂日期的话还有一年的保修期。

客户：这样子啊，那我就要想一想了，这对我很不利的。

销售人员：我跟您坦白这个问题正是怕对您不利，现在您了解了情况可以自己选择，我也不能给出我兑现不了的承诺，对吧？

客户：哦，不管怎么样你还是很实在的。

沟通技巧

★前后两个例子，前者因为承诺了自己公司不能做到的维修项目而失去客户的信任，尾款收起来也困难；后者实在地告诉客户自己能做到什么，给客户留下了诚实的好印象，即使此次不成交，以后还有机会。

★做生意的一个基本原则就是诚实守信，对于一些自己不能做出承诺的条件如果能直接、明确地告诉客户，一般会得到客户的谅解，并容易让客户产生信任感，反而可能会对交易更有利。

★为了获取订单而向客户承诺了自己做不到的事情，结果使客户觉得自己上当受骗，这对于销售人员来说，不但会失掉这个客户，还会造成不良口碑的恶性传播，甚至给自己或企业带来不必要的麻烦。在销售过程中，客户经常会提出一些条件，如果这些条件销售人员确实无法满足，则一定要谨慎承诺，千万不要承诺自己办不到的事情。

情景160　让客户相信你

销售人员：您好，××公司，请问您找哪位？

客户：你好，我想咨询一下你们公司生产的那种叫××的药，能治疗风湿病的那个药。

销售人员：当然可以啊，我们这个药就是针对风湿病专门研发的。

客户：不知道效果怎么样啊？

销售人员：请问您主要有什么症状？

客户：我这老毛病了，关节炎，天气变化的时候就疼得厉害，尤其是腿。

销售人员：哦，关节炎确实比较麻烦，建议您还是去医院找大夫看看。

客户：看过很多次了，好了没多久就会又犯，所以现在想看看你们的药效果怎么样，你们那个药的广告倒是说得很好。

销售人员：我们这个药是专门针对风湿性关节炎研发的，主要成分是……，适用于患……的患者。您结合自己的症状，看看适不适合您？

客户：你讲解得太详细了，非常感谢，我再去咨询一下医生。

……

沟通技巧

★在销售过程中，销售人员可能会遇到各式各样的问题，如何应答会体现了销售人员的专业与否。因此销售人员必须具备丰富的产品知识，了解产品的性能、成分、适用方法、注意事项等，以便给客户讲解，赢得客户的信赖。

★信任是销售的一个关键点，如果销售人员能够站在朋友的角度使客户产生亲切感，交易就能在和谐轻松的环境中轻易达成。

情景161 给客户适当的优惠

（在一家健身器材专卖店内，销售人员就一台跑步机的价格与顾客进行商谈。）

销售人员：这个跑步机原价2800元，我给您最低价2300元，我看您挺喜欢的，就卖给您了。

客户：质量确实挺好的，还能再便宜吗？

销售人员：我希望能和您交个朋友，所以就给了您最优惠的价格，您可以上网去查一下报价，看这个型号的跑步机有卖这么便宜的吗？

客户：我明白，其实我对跑步机的价格也有些了解，哈哈，谢谢你，我就买它吧！

销售人员：谢谢！欢迎再来。别忘记给我介绍客人过来啊。

客户：一定！

沟通技巧

★如果允许，在引导客户成交阶段就应以真诚的态度在价格上主动给客户适当的优惠，这对于任何客户都是特别有效的一招。

★适当给客户优惠不仅仅有利于完成当前的交易，还能为以后的长期合作打下坚实的基础。毕竟，忠实的消费者、回头客才是企业和销售人员赖以生存的根本，做生意的基本出发点应是互惠互利。

情景 162 主动提出成交请求

有位推销清洁用品的销售人员好不容易才说服公寓的主妇帮他开了铁门，让他上楼推销他的产品。但当他在主妇面前展示完他的产品后，见主妇没有表现出购买的意思就径自下楼离开了。当该主妇的丈夫下班回家后，她不厌其烦地将该销售人员向她展示的产品的优良性能一一重述一遍，她丈夫问："既然你认为那项产品如此实用，为何没有购买？""是相当不错，性能也很令我满意，可是那个推销员并没有开口叫我购买！"显然，这位销售人员因为没有主动请求客户购买而失去了一次成交机会。

客户：这种电热水壶一次能盛多少水？

销售人员：一次最多可以盛两升水。

客户：多长时间能烧开？

销售人员：两分钟左右就可以了。

客户：烧开水后会自动关掉电源吧？

销售人员：是的，自动关掉电源并开始保温。

客户：多少钱？

销售人员：180 元。

客户：哦，质量没问题吧，不会很快就坏了吧？

销售人员：没有问题的，三个月包换，两年保修。要我帮您包起来吗？

客户：好的，谢谢。

沟通技巧

★客户询问了产品的性能和使用方法，销售人员一一回答之后，客户依然没有明确地表示出购买的意向，此时销售人员可主动向客户提出成交的请求。

★销售人员一定要谨记这一点：主动请求订单。因为在交易中，客户的表现往往都是不积极的，即使他们对某产品很感兴趣，通常仍然不会主动要求成交。所以销售人员不要害怕被拒绝，只要瞅准时机，主动请求成交，销售成功率就会提高很多。

情景 163　营造轻松的交易氛围

销售人员：这几款沙发，您更喜欢哪款？

客户：我还要再想一想。

销售人员：您一定看过很多家的产品了吧？坐在这边休息一下如何？

客户：好吧……

销售人员：我给您倒杯茶，您肯定逛了很多地方，累了吧？

客户：是啊，都分辨不出什么样的好了。

销售人员：呵呵，我买东西也经常有这样的感觉，您是想放在家里还是办公室里？喜欢哪种颜色……

客户：我自己家里用的，我比较喜欢……

销售人员：根据您的描述，看来那两款产品比较适合您，放在您家里肯定很温馨，您过去坐着试试看。

客户：坐着确实挺舒服的，我买了。

……

沟通技巧

★销售人员通过让客户暂时休息一下，满足了当时客户的实际心理需求，也使客户有时间仔细打量销售人员售卖的产品，为销售成功营造了一个轻松的氛围。

★太大的压力对成交很不利，所以，销售人员要做的就是适时创造轻松的购物环境，并努力让客户的“购买决策”简单化。

情景 164　给予客户适当的压力

销售人员：张总您好，我是××科技公司的小刘，上次咱们谈的软件说好今天给您安装，我一会儿让安装人员过去，您安排一下行吗？

客户：这事啊，是今天吗？我今天很忙，你过两天再打电话吧。

销售人员：张总，咱们这事已经讨论过多次了，您也试用了这个软件，而且也很满意，咱们应赶快装上让它尽快为公司带来效益，您说对吧？

客户：对，这是肯定的，不过我现在正准备开会。

销售人员：今天您开会是几点到几点？

客户：这个会估计要开到中午12点。

销售人员：那您下午没别的安排吧？

客户：下午不好说，晚上我跟客户有个聚会。

销售人员：张总，这样，我现在就过去。您散会后，咱们花半小时时间把合同签了。接下来的工作，我们就和其他人具体交涉了，您还去参加您的聚会，没问题吧？

客户：这样也好，你来后到接待室等我就行了。

沟通技巧

★案例中，销售人员多次在电话中和客户约定签约时间，客户就算有意回避这个问题也不得不在压力下给予回复。

★已与客户沟通过多次，或者客户对于成交一拖再拖，此时销售人员可根据具体情况给予适当压力，以便加快成交进程。

3. 成交方法

成交需要策略和方法，以下总结了14个常见的成交方法，销售人员在实践中可以根据具体情况灵活运用。当然，很多情况下都是几种方法同时使用的。

情景165 直接请求法

（一位小姐在服装店试过几件衣服以后变得若有所思，看得出来她对衣服比较满意，却没有提出购买。）

销售人员：几件衣服您都试过了，请问您喜欢A款还是B款？

客户：A款吧。

销售人员：您是选红色的还是蓝色的？

客户：蓝色吧。

销售人员：好的，我这就给您开票，您去那边款台结账吧。我给您包衣服。

……

沟通技巧

★销售人员应注意观察客户的反应，包括语言、非语言信号，把握住机会，当客户流露出成交信号，却不愿主动提出成交请求时，销售人员应在几句自然和谐的对白后于不知不觉中委婉地提出成交请求。

★经常出现的另一种情况是：客户对产品很有好感，但思想上还没有意识到成交的必要性，或虽已流露出购买的意向，但一时还拿不定主意，不愿主动提出成交，这时销售人员应该用直接请求法促成交易。

情景 166　利益汇总法

（一位销售人员去一家公司推销传真机，经过一段时间的沟通交流后，看得出来该公司的陈总对传真机还是比较满意的，但却迟迟不肯作出决定，于是销售人员便决定再激陈总一下。）

销售人员：陈总，这台普通纸传真机，能让您在收到的传真文件上轻松地写下您的批示意见，交给相关人员处理，避免了以往在热敏纸上书写的困扰；输出的纸张是固定的 A4 或 B4 规格，能改善目前规格不统一的裁剪纸存档和遗失上的困扰；30 页 A4 的记忆存档装置，使得您不用担心纸张用完而收不到重要的信息，延误企业的商机。上面这几点，都是您感到困扰的事情，我们这台普通纸传真机能立即解决。价格方面您也是非常清楚的，知道我们给您的价格是最优惠的价格，您是否愿在这份装机确认书上签下大名，好让我们给您安排装机工作呢。

客户：说的是啊，确实能解决不少问题！

（说话的同时在装机确认书上签了名。）

沟通技巧

★销售人员把先前向客户介绍的各项产品利益中特别获得客户认同的地方，一起汇总后再扼要地提醒客户，能加强客户对产品利益的感受，有利于成交。

★这种方法是在推销劝说的基础上，进一步强调商品的功能和特点能给客户带来的多方面利益，使客户更加全面地了解商品的优点，可以激发客户的购买兴趣，最大限度地吸引客户的注意力，使客户在明确自己既得利益的基础上迅速作出决策。

情景 167 利益对比法

销售人员：王先生，谢谢您听完了我的产品介绍，您也亲自动手操作了这款相机，根据您目前的使用需求，我现在以您的立场评估这部数码相机。这里有一张纸，我把您同意的有利点写在左边，您不太赞同的地方，我把它写在右边。

销售人员（拿出纸张，边写边说）：王先生，您提到这部相机 1 200 万的高像素让您很满意；同时棱角分明、粗线条、比较男性化的外观造型您也很欣赏；它的超长时间的摄像功能也很符合您的要求；还有两块高容量的原装电池也是您认为好的方面。

此外，唯一一点您不太满意的是它的内存卡偏小，是的，它的内存卡确实不能算很大，但是，1G 的内存一般情况下是足够使用的。况且，现在市场上卖的内存卡很便宜，您可以再买一张大点的备用。

销售人员（将不利点、有利点分析汇总表递给客户看）：王先生您看，这款相机在像素、外观、电池以及摄像功能方面都很符合您的要求，能遇到一款这么适合您的相机也是缘分啊，王先生，是不是现在我给您开票？

……

沟通技巧

★销售人员在给客户介绍完产品并了解了客户的关注点后，将客户认同与不认同的产品“点”分别列出，如果对客户来说，产品优势比较明显，则客户很可能购买。

★运用此法时，销售人员可准备一张白纸，在中间画一条线，左侧列出商品的优点，右侧列出商品的缺点。然后，销售人员和客户共同完成该表格，由客户自己去对比，销售人员可在适当的时机提出成交请求。客户在优缺点的视觉化对比之下，很容易证明购买的正确性。此外，经验证明人眼对于左侧具有视觉重力，会更多地将注意力投放在纸张的左侧。

情景 168　前提条件法

销售人员：这套设备（小型交换机）您已经看过两次了，我们也看出来您对这套设备非常满意，我想一定有其他什么问题困扰着您？

客户：因为最近我们工作非常忙，安装这套设备的时间是三天，我担心影响工作。

销售人员：您的员工周末是否加班？

客户：周末不加班。

销售人员：如果我们利用周末及晚上的时间安装，并保证下周一您就可以使用上新的设备，您是否愿意定下这个协议？

又如遇到客户强烈提出×月×日前必须送货到门，这时销售人员可以说："如果×月×日送货到门，您今天就同意签这份协议吗？"

沟通技巧

★上述对话中，销售人员根据客户的疑虑，提出了一个能解决客户疑虑的前提条件，给客户一定的压力，促使客户加速作出决定，同时也能测试客户的心理底线。如果客户仍然不能作出正面的决定，表示客户所期望的仍然大于销售人员目前所提供的。

★此方法是要求销售人员提出一系列问题，让客户作习惯性的肯定回答，进而促使客户作出交易决定。通常的做法是销售人员随其他附加条件的变动（如改变交货时间、减少或增加某些服务、改变单批订货量等）要求客户达成交易。

情景 169　哀兵策略法

（一位汽车销售人员多次拜访一位客户，却觉得离成交越来越远，于是他又去拜访这个客户，发生了下面的对话。）

销售人员：张总，我已经拜访您好多次了，您对我们公司的汽车性能、价格也相当认同，而且也听朋友夸赞过我们公司的售后服务，今天我再次拜访您，不是向您销售汽车的，我知道您是销售界的前辈，我在您面前销售东西实在压力很大，大概表现得很差，请您本着爱护晚辈的心，给我指点一下好吗？我哪些地方做得不好，您给我指出来以便我能在日后改善。

客户：你呀，人不错，勤快又踏实，对汽车的性能了解得非常清楚，看你这么诚恳，我就坦白告诉你，这一次我要给企业的十位经理换车，当然换车一定要比他们现在所用的车子更高级一些，以激励士气，但价钱不能比现在贵，否则我短期内宁可不换。

销售人员：张总，您实在是位优秀的经营者，购车也以激励士气为出发点，今天真是又学到了新的东西，我给您推荐的车是由美国装配直接进口的，成本偏高，因此价格不得不反映成本，但是我们公司月底将从墨西哥进口同级车，成本较低，并且您一次购买十辆，我一定说服公司尽可能地满足您的预算目标。

客户：的确很多美国车都在墨西哥生产，贵公司如果有这种车，倒替我解决了换车的难题了！

沟通技巧

★当销售进入僵持阶段，而己方已经不想再作出让步的时候，可以采用哀兵策略，引发对方的同情，之后可能对方就会不再那么坚持，交易也会因此达成。尤其是面对比自己年长或位高权重的客户时，可通过恳请其指教，让客户讲出真实异议，引导成交。

★当销售人员想尽一切办法仍无法缔结销售合约时，由于多次拜访，已经和客户多少建立了一些交情，此时可以采用哀兵策略，让客户说出真实异议。在确实掌握了客户的真实异议后，销售人员只要能化解这个真实异议，成交的可能性就会大增。

情景 170　选择成交法

销售人员：××口香糖，全新上市，新包装，不含糖，特价促销，欢迎选购。

客户：无糖口香糖……真不含糖？

销售人员：是的，它用木糖醇替代了传统的糖类，口味甘甜但不含糖分。

客户：哦，挺好的。

销售人员：我们正在做买 3 赠 1 的促销活动，您是买 3 瓶还是 1 瓶呢？

……

沟通技巧

★给出两种情况，让客户作出一种肯定的选择，然后促成交易，这就是选择成交法。这种方法可以减轻客户的心理压力，创造良好的成交气氛。从表面上看，选择成交法似乎把成交的主动权交给了客户，而事实上，这只不过是让客户在一定的范围内进行选择，可以有效地促成交易。

★销售人员为客户提供选择时，应尽量避免提出太多的方案，最好就两项，最多不要超过三项，否则就不能达到尽快成交的目的；另外，也不要让客户有拒绝的机会。

★销售人员在销售过程中应该看准客户的购买信号，并把客户选择的范围局限在成交的范围内。选择成交法的要点就是使客户回避要还是不要的问题。

情景 171　价值成本法

客户：我不知道为什么你们公司派了三个顾问师替我们改善库存与采购系统，两个月的时间要支付 240 万元的费用，相当于每个人每月 40 万元，这样我都可以雇三个厂长了。

销售人员：王总，贵企业提供的数据显示你们每月平均库存金额为 6 000 万元，由于生产数量逐年增长，库存金额与平均库存月份也逐年上升。我们的顾问组花了两个星期对贵厂采购作业流程及现场生产、作业流程的现状作了详细的了解，我们确信，通过我们的改善方案，贵企业在半年后，库存金额能下降至 3 000 万元，您的利息费用每年最少可下降 300 万元左右，您节省的费用足够支付顾问费了。

客户：话是不错，你怎么能保证将库存金额降至 3 000 万元呢？

销售人员：要做到库存降低，采购作业方式就要有所改善，特别是要关注交货期及交货品质两个关键点，当然生产流程和作业方式也要调整，还要修改产品品质的监控制度，这些都是我们要做的工作。您只要签下合约，您每个星期都会收到一份报告，报告上会告诉您我们本星期要完成哪些事项及上星期完成的情况，当然，您可以视我们的绩效随时停止合约，我们会让您清楚地看到您投入的每一分钱都能够得到明确的回报，若您认为不值得，您可立刻终止付款。这样一来，您也可以看出您支付给本企业的顾问费都是从节省的费用中拨出的，事实上您根本就不需要多支付任何额外的费用，却能达到提升工厂管理品质的目的。总经理，我诚恳地建议您，这是值得一试的事情，您若是现在签约，我们一个半月后就可以开展这个项目。

……

沟通技巧

★上述案例中，销售人员通过成本、价值分析，让客户清楚了现在的投入换来的将是长远的利益，这种分析对达成交易起到了重要作用。

★如果销售的是能为客户改善工作效率、增加产量或降低成本的商品或服务时，销售人员可选择价值成本法作为成交的策略，通过阐述产品能给客户带来的利益和客户购买产品的成本之间的关系，激发客户的购买意愿。

情景 172　最后机会法

客户：这台笔记本电脑外型做得真好，配置也不错，就是贵了点。

销售人员：是的，但是一分钱一分货，这是我国的笔记本市场上最高端的品牌，自然它的价格也就高了，毕竟你买了它用着放心啊。高端品牌的质量和售后服务都是无可挑剔的，更何况还可以彰显使用者的个人魅力，我建议您还是买它吧，贵一点值得！

客户：我还是再考虑考虑吧。

销售人员：今天是暑促的最后一天，这台笔记本电脑打 9.5 折并且赠送××品牌鼠标。您要是错过了今天的机会，再想有这样的优惠恐怕得等不少时间了。

客户：哦，那我现在买吧。

沟通技巧

★上述案例中，销售人员利用“优惠的最后期限”，渲染紧张气氛，给客户施加机会压力，创造成交气氛，让客户快速作出了购买决策。

★销售人员在基本确定客户有购买意向的情况下可使用此法，即针对客户的主要购买动机，合理选择成交机会，充分调动其“机会难得、不能坐失良机”的心理效应，促成客户主动成交。

★在预测产品价格将上扬、促销活动即将结束时都可运用此方法。销售人员可从付款条件、现金折扣、广告承诺、免费服务等方面入手引导客户立即作出决定。

★常用话术如下。

☆ 这套产品销售情况非常好，您要是今天订货的话我还得查一下库存。

☆ 为庆祝中秋节，总部在全国范围内统一执行 9 折优惠，仅限于这三天。

☆ 我们注意到以后一周内此种产品的价格将全面上涨，您还犹豫什么？

☆ 如果您现在购买，我们将提供免费安装，并为您的职员提供三小时的免费使用技巧培训。

情景 173　从众心理法

客户：你好，我看一下这款 MP4。

销售人员：好的，……它是××公司今年刚推出的机型，512M 内存，双色显示屏，支持多种音频播放格式。

客户：你觉得我拿着它好看吗？我感觉怎么怪怪的。

销售人员：怎么会呢？这款 MP4 是今年最流行的，和你年龄差不多的女孩子都喜欢，已经卖出去好多了。

客户：真的吗？那我就买这个吧。

沟通技巧

★上述案例中，销售人员利用客户的从众心理，减轻了客户对要购买的产品的担心，给客户提供了安全感，增强了其购买的信心，成交也成了顺利成章的事情。

★此方法就是销售人员利用客户的从众心理，在客户心中排起了一条长长的无形队伍，让客户觉得随大流购买才是惟一的选择。

★常用话术如下。

☆ 这个保湿产品一直卖得不错，明星们都常来买呢！

☆ 您知道××公司的林总吗？他前天刚买了这款汽车，你们真是英雄所见略同啊！

☆ 目前很多大公司都实现了无纸化办公，你们隔壁那家公司用的就是我们的系统，不信您去问问？而且我们还会根据客户的情况量身打造。

……

情景 174　请求试用法

销售人员：王总，就这个项目已经跟您沟通过三次了，看得出来您对我们的培训很感兴趣，但却迟迟不能作出决策。王总，能告诉我您到底担心的是什么问题吗？

客　户：我个人确实觉得你们的课程不错，但是给员工做培训，我还是担心效果不好。耽误大家那么多时间，如果还没多大效果，那就得不偿失了。

销售人员：王总，您真是个好领导，想得这么周全。这样吧，我们先做一期培训吧，等培训完了，您如果觉得我们的培训能够帮得上您，您再增加也不晚。您看呢？

……

沟通技巧

★先让客户试用然后再成交的方法是指通过提供产品试用，让客户真正感觉产品的好处，体验产品的优点及能给自己带来的利益，消除客户心中的疑虑，进而促进交易的达成。

★如果因为试用销售成本大增，或者客户的购买意愿不强烈，此类情况下慎用此法。例如，整套设备都供客户试用，则无法销售给其他客户，这会延长销售周期；若要客户提交押金再试用，可能客户会有怨言，所以销售人员应灵活把握。

情景 175　假设成交法

销售人员：您有了这台电脑以后，可以用它看电影，像新推出的《影》这样的大片。

客户：我不看国产电影的。

销售人员：OK，我们看欧美大片，假设是《变形金刚 5》吧，它的显卡采用的是 DirectX 10 代的高清技术，高渲染精度让电影画面栩栩如生，并且这种高清润眼屏对眼睛没有任何伤害。您还可以用它玩游戏，您玩游戏吧？

客户：玩“实况足球”。

销售人员：对，您用它可以玩最新的实况 2019，游戏里的动画效果可以全开，足球运行不再有拖尾现象，这是普通电脑无法做到的；您还可以用它听音乐，立体回环声效能让您感觉像是在现场听歌；低辐射、低噪声的设计也让您用起来更健康、更安全，建议您还是买它吧。

……

沟通技巧

★上述案例中，销售人员为客户讲述了其购买电脑后的使用情况，即假设客户已经拥有了商品，这样可以使他在想像中体会使用产品各项功能的感受，这样就能极好地刺激客户的购买欲望。

★假设成交法转化了销售人员在销售过程中的角色。在此过程中，销售人员已经转变为教客户使用商品的朋友。角色的变换，会对客户产生类似催眠的作用，使客户更加信赖销售人员，这能适当减轻客户的成交压力，提高销售效率。

情景 176　小点成交法

（某办公用品销售人员到某公司去推销碎纸机，办公室主任在听完产品介绍后摆弄起样机，自言自语。）

客 户：东西是倒挺合适，只是办公室这些小年轻的毛手毛脚，只怕没用两天就坏了。

销售人员：这样好了，明天我把货运来的时候，顺便把碎纸机的使用方法和注意事项给大家讲讲，这是我的名片，如果使用中出现故障，请随时与我联系，我们负责维修。主任，如果没有其他问题，我们就这么定了？

……

沟通技巧

★销售人员成功地抓住了交易中的关键点，即办公室主任怕碎纸机轻易坏掉，因此他保证随时提供维修并承诺介绍使用方法，解决了这一个看似很小却很关键的小点，交易就此达成。

★小点成交法又叫作次要问题成交法，或者叫作避重就轻成交法，是销售人员利用交易中的小点来间接地促成交易的方法。小点成交法的优点是：可以减轻客户成交的心理压力，有利于销售人员提出成交请求。

情景 177　小狗成交法

（有一个销售人员上门推销化妆品，女主人很客气地拒绝了他。）

客户：不好意思，我们目前没有钱，等我有钱再买，你看行不行？

销售人员（看到女主人怀里抱着一条名贵的狗）：您这小狗真可爱，一看就知道是只很名贵的狗。

客户：是呀！

销售人员：您一定在它身上花了不少钱和精力。

客户：没错。（然后开心地向销售人员介绍了她为这条狗所花费的钱和精力……）

销售人员：那当然，这不是一般阶层能做到的，就像这化妆品，价钱比较贵，所以使用它的女士都是高收入、高档次的。

（最后，女主人不再说自己没钱了，反而非常高兴地买下了一套化妆品。）

沟通技巧

★上述案例中，销售人员通过赞美客户的小狗促成了交易。客户都爱听到别人的赞美，销售人员千万不要吝惜自己的赞美之词。

★运用此法，可以称赞客户可爱的小孩、豪华的客厅、办公室，以及高档的西服或皮鞋等。

★这个办法还可以反着用，效果更好，也就是说，销售人员可以先和客户谈小狗，事先预防客户说出没钱的话。

情景 178　启发式销售

销售人员：恭喜你，买了这么好的笔记本电脑，别人肯定都会羡慕你的，现在配个什么样的鼠标呢？

客户：要一个最便宜的就行。

销售人员：键盘呢，我们这边有键鼠专柜。

客户：不用了，我用不到外接键盘。

销售人员：好的，那看看音响设备吧。

……

沟通技巧

★上述案例中，客户购买了笔记本电脑后，销售人员提醒客户购买鼠标、键盘等，这样可以增加自己的销售业绩。

★启发式销售就是销售人员提醒客户购买与他已经购买的商品相关的商品，增加交易额。

★运用此法时，销售人员应站在客户的立场上，想客户之所想——“自己购买了这种商品，还需要什么附属品？”只有真正了解了客户的需求，启发式销售才能成功，否则会让客户产生反感。

第 2 节 成功签约

销售还有一个重要环节，就是签约，即把双方达成的协议通过书面合同的形式呈现出来，以防止一方反悔给另一方造成损失。销售人员在签约中同样需要使用沟通技巧，这样才能和客户完美合作。

1. 明确签约流程

对于销售人员来说，签约环节应该从礼节和交易原则出发，最后再核对双方谈妥的条件。同时还要营造一种和谐的气氛以便今后继续保持合作关系。

情景 179 确认客户意向

销售人员：这批衣服要纯棉制作的，是吗？

客户：是的。

销售人员：要三种颜色，红、黄、绿各 300 件，对吧？

客户：是这样的。

销售人员：从M到L、XL、XXL共四种尺寸，每个颜色每种尺寸75件，没问题吧？

客户：是的。

销售人员：最晚9月27日交货，是吧？

客户：是的。

销售人员（在销售合同上填完相关内容）：好的，您再看一下合同，没问题的话就可以签字了。

……

沟通技巧

★当客户点头同意签合同后，销售人员要与客户当面确认其购买意向、条件以及双方沟通过程中的细节，并让客户确认，以便将这些内容写进合同。

★交易必须是一个严谨的过程，任何一个小疏忽都有可能给双方造成非常大的损失。因此在签订合作协议之前，销售人员一定要跟客户明确各种情况，对可能给双方利益造成影响的一些要素要进行核实、整理。

情景180　确认关键条款

销售人员：我再跟您确认一下，这批地板你们是希望用泰柚而不是非洲柚木制作，对吧？

客户：是的。

销售人员：面板厚度要求1.0毫米指的是贴面前的厚度，而并非最后成品的面板层厚度？

客户：是的。

……

沟通技巧

★达成共识后，销售人员在填写合同时，要与客户再次确认合作的关键条款，尤其是对一些对双方利益影响比较大而又容易犯错误的一些小的细节，更要进行确认并明确在合同条款中。对一些比较专业的术语要详细解释，因为个别字的差异可能引起很大的误会。

★关键条款，一般为产品价格、付款方式、付款时间、交货时间、客户所要产品的型号、质量要求等，销售人员要就此与客户一一确认，并将这些内容写进合同。

情景 181　营造轻松气氛

销售人员：关于价格、规格、交货时间等方面我们基本上取得了一致的见解，您这边还有别的问题吗？

客户：差不多了吧，我想我们可以签约了。

销售人员：哈哈，王先生，经过了几天的“搏斗”，我算是领教了您的厉害了，下次对我可不能再这么狠了啊！

客户：哈哈，哪里，你可真会开玩笑！

……

沟通技巧

★案例中，销售人员利用幽默使气氛变得轻松自然，缓解了签订合同时的紧张气氛。

★幽默是最好的放松剂，在签约前营造轻松气氛，能为客户减轻交易中的心理压力，并且会给客户留下良好的印象，为下次合作打好基础。

情景 182　签订合同协议

销售人员：这是我们的销售合同，您浏览一下，确认没什么问题的话我们就签约吧。

客户：好的。

销售人员：恭喜您买下了我们的明星产品，所有人都会羡慕您的。

客户：谢谢。

沟通技巧

★在与客户签订合同、协议时，销售人员应保持热情，要有礼有节，但不要过分高兴，不要让客户因产生误会而反悔。

★整个交易过程中对客户的热情态度应自始至终，这不但能体现自己的修养，同时还可以赢得良好的口碑，为以后的合作奠定基础。

2. 与客户告别

不管交易进行得是否顺利，与客户的关系还是要细心经营的。俗话说“买卖不成仁义在”，因为交易是一种循环的博弈，并不是一次性的交往，所以，销售人员在与客户告别的时候也应该注意运用适当的话术。

情景183　成交后的告别

销售人员：谢谢，很高兴能够认识您并做成了这个单子，您是一个很有魅力的人，希望下次还能和您合作。

客户：过奖，合作愉快！

销售人员：合作愉快，您留步！

沟通技巧

★成功交易之后销售人员更不能吝惜自己的赞美之词，因为交易之前出自销售人员口中的赞美给客户的感受总是带着某种动机，因而会显得比较功利，成交之后的赞美则会显得真诚得多。

★对于大多数行业来说，开发新客户要比维护老客户的成本高5倍以上，而老客户的忠诚度、稳定性也比新客户高得多。所以，这次交易的结束正是下次交易的开始，在道别前应争取跟客户的关系更进一步。

情景184　未成交的告别

销售人员：很遗憾未能给您提供服务，但仍然感谢您抽出这么长时间听我的介绍，非常感谢！

客户：谢谢，您慢走，祝好运！

销售人员：非常感谢您，祝工作顺利，希望下次能够为您提供服务，您留步。

……

沟通技巧

★没能成交时，礼貌地与客户告别，不仅体现了一个销售人员的职业素养，而且可能有助于下次销售。因此，销售人员要注意自己辞别客户时的言行，应尽力给客户留一个好印象，为赢得下一次的成功播下种子，切不可流露出沮丧情绪，甚至出言不逊。

★虽然没有成交，销售人员还应礼貌待人，并保持乐观的信念和不懈的斗志，同时做好以下事项：给客户留下好印象；保持联系，放长线钓大鱼；请客户推荐客户，弥补因成交失败而招致的损失；分析未成交的客户，找出值得建立关系的主要客户；请求客户帮助，分析自己失败的原因，以改进销售策略和技巧。

Chapter 9

第 9 章 收取货款

交易结束并不代表万事大吉，收到款项才算真正成交。一些大宗交易需要经历一个账期之后才能资金到账，销售人员此时的工作内容就是根据结款政策按时收回账款。然而，现实中往往会发生一些非正常的情况，客户方可能会拖延账款甚至赖账，这时候销售人员就需要软硬兼施、给对方压力甚至动用法律手段来维护本企业的利益了。

第 1 节　正常结款

一般情况下，客户还是能够正常付款的，这时候销售人员要积极配合对方，按时办理结款手续、核对款项到账情况等。

1. 告知结款政策

销售合同签订后，销售人员要按合同约定的时间及时与客户联系，提醒客户结款，以便及时将款项收回，防止意外发生。

情景 185　要求客户打款

销售人员：王总，您好！最近忙不忙？

客户：还好！

销售人员：您要的第二批货将于今天下午发货，最晚明天下午就到您公司，请您安排人接收。

客户：好，我知道了，也谢谢你，发货这么及时。

销售人员：不客气，这是我应该做的。另外，提醒您一下，我们合同里规定的第一批货的尾款也该结了，您别忘记了。

客户：没问题，我今天下午就安排人把钱打到你们公司的账户。

销售人员：谢谢王总！总共是××万元，非常感谢您的支持！

客户：好的，没问题！

沟通技巧

★一般情况下，销售合同中都明确规定了具体的结款政策，一般就各批次货的结款时间、结款方式、银行账户、双方的负责人等都有明确规定。但销售人员仍然有责任对客户结款进程进行跟踪，适时提醒客户，为以后的继续合作打基础。

★ 如果是后付款，销售人员一定要在结款的最后期限前与客户沟通，提醒一下客户该结款了，以免客户忘记或者拖到最后一天，万一出现什么状况，不但影响自己公司的利益、自己的利益，还可能影响双方的合作。

情景 186　预约上门收款

销售人员：张总，您好！我是××广告公司的小王。

客户：你好！什么事？

销售人员：您下个月的广告费该结了，您看什么时候方便，我过去取。

客户：又该结下个月的了？这么快！

销售人员：是啊。我们的报纸每周二、周五上市，但需要提前结稿。而我们约定好是预付款的，哈哈。

客户：这个我知道。一共多少钱？

销售人员：下个月贵公司一共预定了 8 次广告，费用共计 13 800 元。您看，我今天下午到您公司去，好吗？

客户：今天下午不行，你明天上午过来吧。

销售人员：也好，那我明天上午 10 点到您公司，您别忘记告诉财务一声啊。您先忙吧，明天见！

沟通技巧

★如果与客户约定预付款，销售人员要及时与客户联系，按照合同办事，不要往后拖，让客户形成习惯，觉得后付款也行，否则以后收款会更困难。

★如果销售人员很忙，不能及时到客户处取款，一定要及时与客户沟通，最好让其将款打到公司账户，保证提前收款。

2. 确认款项到账

款项到账后，销售人员应就款项中的具体细节和客户核对，以免发生误会而造成损失。同时，这样做也能体现销售人员对待工作认真负责的态度，给客户一种被重视的感觉。

情景 187　款项到账及时与客户核对

销售人员：你好，我是××公司的销售人员××，我们已经收到贵公司的付款了。

客户：好的。

销售人员：您现在方便吗？我想跟您核对一下具体的款项内容。

客户：方便。

销售人员：总共是 12.5 万元，其中 6.5 万元是去年 12 月中旬我们发的那批螺丝钉的付款，对吧？

客户：等下，我查一下，……是的，没错。

销售人员：剩下的 6 万元结的是今年 2 月份的那批货吧，其中 2 万元是灯架，4 万元是灯管，没有问题吧？

客户：是的。

销售人员：那现在就还剩 5.3 万元没有结了，最后期限是下个月 10 号，是吧？

……

沟通技巧

★款项到账后，销售人员应就款项的具体细节与客户核对，以免发生误会给双方造成损失，必要的时候还应对某些细节进行书面确认。

★如果收到的是汇款，则销售人员可将付款明细列于纸上并传真给客户，让其签字确认后回传。如果是销售人员上门结款，则最好应让客户当场确认，尤其是分期结款的情况。

情景 188　别忘记向客户致谢

销售人员：您的款项已经到账了，谢谢您对我工作的支持。您有那么强的销货能力，以后只要回款跟上的话，我保证在第一时间给您供货。

客户：什么时候出差过来，我们再好好聊聊，沟通一下。

销售人员：没问题啊，有机会一定去拜访您。

客户：好啊，欢迎。

销售人员：呵呵，过阵子一定去，您多保重啊！

客户：好的，谢谢！

沟通技巧

★与客户核对款项到账后别忘记致谢，这次交易的结束正是下次交易的开始，此时的谢意在对方的耳中是最真诚、最由衷的，优秀的销售人员会把握住这个机会和客户的关系更进一步，为下次交易作准备。

★除了向客户致谢，销售人员还可与客户沟通下次订货时间、询问客户在使用产品的过程中有什么问题、需要什么帮助等，为下次合作创造机会。

第2节　催收货款

在交易中，收款也并不总是一帆风顺。客户可能会以各种理由拖欠账款，有的是故意，有的确实是暂时资金紧张。但不管什么理由，销售人员都应及时采取措施应对，最好在不动用法律手段的情况下，追回货款，因为这对于企业来讲，成本是最小的。要想成为一名优秀的销售人员，必须学会如何催收货款。

1. 掌握催账策略

尽管客户拖欠货款的原因各异，情况也各有不同，但就销售人员来说，催收账款也有规律可循，也有一些策略可以使用。

情景189　找出拖欠款的真正原因

销售人员：您好，刘经理，我是××公司的××，我们上期的货款还没有到账啊。

客户：哦，我不知道这事啊，而且这也不归我管，你找别人吧。

销售人员：刘经理，这事除了您别人肯定办不了，改天一定过去拜访您，当面致谢，您就告诉我这次到底是出了什么事情吧？

客户：我真不知道！

销售人员：刘经理，谁不知道您在公司的地位啊，公司有什么事情能瞒得过您的眼睛呀？

客户：好吧，我问你，你们上一批货的保质期是到什么时候的？

销售人员：啊，上一批货应该是今年三月份生产的，保质期不会有问题吧！

客户：那我就不知道了，反正这星期开例会的时候，我们张总专门叮嘱了给你们的货款先别结，好像是说保质期有问题。

销售人员：问题原来出在这里呀，我再跟张总联系一下吧，谢谢您，刘经理。

……

沟通技巧

★案例中，销售人员通过与客户方的相关负责人聊天了解到客户未按时结款的真正原因，为自己成功收回欠款做好了铺垫。

★找准欠款原因是催账策略中最重要的一条。对客户方的情况掌握得越多，问题的解决就会越顺利。销售人员应该通过旁敲侧击，先找出账款难以回收的原因，再对症下药，处理好一些关键点，这样账款就可能顺利收回了。

情景 190　坚持“先礼后兵”原则

销售人员：您好，王总，我是××公司的销售人员××。

客户：哦，你好。

销售人员：我们上期的货款已经过期一周了，不知道贵公司这次出了什么状况？

客户：我们最近资金有点紧张。

销售人员：王总您说的是，任何公司都可能会出现资金紧张的情况。但贵公司在行业内的实力数一数二，我想即使资金紧张，这点货款也不会是什么困难。况且贵公司一向重视声誉，在圈子里口碑极好，如果因为这点货款影响了你们经营多年的口碑，那就不划算了，您说是吗？

客户：对。

销售人员：王总，我们合同里规定的违约金也比较高，诉诸法律对谁都不是一件好事。大家做生意，和气生财吗，所以我们公司暂时还不会采取什么行动，但得看到贵方的诚意，对吧？

客户：哦，我们公司最近确实有点困难，要不我们先结一部分吧，然后再定个期限，下次再结清，好不好？

……

沟通技巧

★上述案例中，销售人员先夸赞客户有实力、口碑好，然后陈述拖欠款对其潜在的不良影响，让客户明白其中的利害关系，给客户施加压力，迫使客户作出付款承诺，问题得到解决。

★销售人员催收账款，应遵循“先礼后兵”的原则。先对客户表达足够的尊重，不会妨碍以后的合作；再在必要的情况下采取特别措施，保证己方的利益不受损害。

★用此法时，销售人员要注意自己的措辞及语气，不要伤害客户的自尊或激怒客户，否则矛盾激化的结果就是双方对簿公堂，继续合作也就无从谈起。

情景 191　要与客户保持有效沟通

销售人员：小王，你好，我是××公司的小刘。

客户：哦，小刘你好，今天怎么想起我来了？

销售人员：呵呵，打电话问候下你不行啊？

客户：我才不信你有这么好心呢，有什么事赶紧说吧。

销售人员：还是你了解我啊，我有事要你帮忙。

客户：说吧，我听着呢。

销售人员：你们上一批货的货款明天就到最后期限了，可我们还没有收到货款。实不相瞒，我们公司最近资金比较紧张，麻烦你这两天提醒一下你们公司的张总，把这笔钱先给我们打过来吧。

客户：哦，就这事呀，没问题！我一会儿就跟张总说。

销售人员：谢谢你！小王，改天过去一定请你吃饭啊。

（第二天下午）

销售人员：小王，你跟张总说了吗？我们这边还是没收到钱啊。

客户：我说过了啊，他还说昨天就给你们打钱的，可能是他又忘记了吧。

销售人员：哦，那我就还得麻烦你，帮我把这事盯着点，你今天再催下张总吧，可以吗？

客户：行，你的事我还能不办吗？

销售人员：谢谢你，小王。

（第三天早上）

销售人员：钱收到了啊，谢谢你，小王！

客户：别那么客气。

销售人员：改天过去找你吧，请你和张总吃饭，表达谢意。

客户：好的。

……

沟通技巧

★上述案例中，销售人员多次与客户沟通，最后成功收回货款。

★沟通是解决问题的有效途径，销售人员在收款过程中，别忘了和客户保持有效沟通。一般情况下，只要沟通到位，“赖账”的情况就很少出现。

★上述案例中，销售人员成功的另一原因是与客户方的相关负责人建立了密切的关系，由其处理公司内部的事情就简单多了。所以，销售人员在销售过程中，一定要注意与客户方的相关人员搞好关系，以便发生问题时有人帮忙。

情景 192　做好必要的售后服务工作

销售人员：张总，我是××公司的××，我们那笔货款还没有收到啊？

客户：你们的设备有问题，还想要钱啊。

销售人员：为什么这么说，张总，是使用的时候设备出问题了吗？

客户：反正员工都反映不好用，整天出问题，自从买了你们的设备，是省了不少电，可我们工厂的产量也比原来下降了不少。

销售人员：这是我的工作不到位，忘记了给你们的员工做培训，只要使用方法得当，我们的设备是不会出问题的。张总，我们派几个人过来给您的员工做培训吧，好吗？

客户：那好吧，如果经过你们的培训，我的员工反映这设备确实好用，产量上去了，我保证马上结款。

销售人员：张总果然英明，我们也想跟您长期合作呢，所以不可能卖给您有问题的设备，我现在就安排人过去培训吧？

客户：好吧。

……

沟通技巧

★案例中，客户以“设备不好用”为由拒绝付款，幸好销售人员及时道歉、承诺提供培训使得问题得到了初步解决。

★在产品销售以后，销售人员一定要记得做好必要的客户服务工作或兑现自己的承诺，否则客户可能以此为借口拒绝付款。

★销售人员要对销售的全过程负责。即使已经签了销售合同，销售人员也应对产品的使用情况进行跟踪，及时给客户提供良好的服务，减少客户拖欠款的借口。

情景193 适度示弱，引起客户同情

销售人员：王总，我是××公司的××，我们的货款还没到账啊。

客户：最近我这里资金紧张啊，先宽限几天吧，你们那点钱别着急。

销售人员：王总，您真会开玩笑，贵公司的实力圈子里谁不知道，我们这么点货款怎么可能会成为问题呢？

客户：你们那点钱是不多，关键是我们最近想投资一个大项目，所以你们先等等吧。

销售人员：王总，您可是行业里的前辈，我也听说过很多您的奋斗故事，说实话，我是特别崇拜您呐！您创业的时候肯定也有过我这样的经历，我们小公司，压力大，这点资金对您来说没多少，却对我们很重要，所以请求王总，您就当是照顾年轻人，把款给我们先结了吧。

客户：嗨，你倒是挺会说的。好吧，我一会儿给你再问问财务。

销售人员：谢谢王总！那我下午两点再打电话过来。

客户：好吧。

沟通技巧

★销售人员以自己是年轻人、公司小、压力大向客户示弱，同时称赞客户的创业经历，使问题得到了缓解。

★所有人都喜欢被别人赞美，所有人也都有同情心。销售人员催收账款时可利用这一点，赞美客户的同时适度示弱，可引起客户的同情，问题也会因此轻易解决。

情景194 不要一味示弱，软硬兼施才好

销售人员：张总，账款还是没到。

客户：那你们再等等吧。

销售人员：张总，我们是想跟贵公司长期合作的，但贵方看来并没有诚意，就这笔货款我已经催了一个多月了，期间您提出一堆问题，我们都认真地全部给您解决了，要知道这其中大部分并不是我们该承担的责任。我们是珍惜客户，但并不意味着我们会永远向客户妥协。张总，我想现在如果用法律手段来解决问题，那贵方的损失将会特别大，您说是吧？

客户：你别着急，不至于引来你这么多话吧。再宽限几天，我们最近资金确实困难点儿。

销售人员：您别生气。这事搁到谁身上都挺郁闷的。我才来公司没多久，您再不付款我就得喝西北风了。再说，我已经向公司申请给您公司宽限一个月了，我想这已经是仁至义尽了，今天给您最后一次寄出催缴函，如果三天内货款还没有到账，那我们公司肯定会采取措施，到时候我也无能为力了。

客户：那好吧，我保证三天内给你们打款。

……

沟通技巧

★适度示弱不代表一味示弱。案例中，销售人员先给客户一个下马威，告诉他用法律解决会让客户损失更多，然后以自己是销售新人示弱，引起客户同情，迫使客户做出了三天内打款的承诺。

★一味示弱会让客户越来越飘飘然，在适当的时候应该将他拉回现实。催缴账款时，销售人员要软硬兼施，表现得“外柔内刚、刚柔并济”才是最有效的。

2. 常见问题应对

客户经常会设法拖欠账款，但常用的借口都差不多，很多销售人员听到这类借口时都束手无策。其实，只要按照正确的思路，运用正确的沟通策略，这类借口并不难破解。

情景 195　出纳不在

示例 1

销售人员：王经理，您下个月的广告费该交了，我今天下午过去取吧。

客户：我们的出纳不在。

销售人员：啊，这么不巧，那请问她什么时候能回来啊？

客户：这个我也不清楚。

销售人员：怎么可能？什么原因呢？她不上班了？

客户：上啊。这几天公司事情多，她经常外出。你明天打电话过来试试吧。

销售人员：王经理，那我明天早上打电话过来吧。到时候应该能结款吧？

客户：如果她在就没问题。

销售人员：好的，我明天早上给您电话吧，我们这边回款催得紧，您可得关照我啊！

……

示例2

一个销售人员完成一笔销售后，才知道与之合作的客户口碑很不好，果然后来的催账难度很大。一天他又去找该公司的总经理，该总经理见他之后摇了摇头，摊开双手。

客户：你来得真不是时候，出纳不在！

销售人员（自知这个总经理应该是习惯性地撒谎）：不会啊，我刚才在楼梯口还碰到他了！（其实他根本就不认识该公司的出纳）

客户（很尴尬）：他不是请假了吗，怎么又来了？

销售人员：张总，您真让人佩服，领导有方啊，员工都那么敬业，刚才我看见他脸色很不好，肯定是害病了，还坚持上班啊。

（这个总经理听完后舒了口气，也没试图找别的借口，该销售人员终于成功收回了货款。）

沟通技巧

★"出纳不在"是客户拒绝结款的一个常用理由，发生这种情况时，销售人员必须跟紧客户，追问出纳什么时候回来，再次确认结款时间。

★对于有些信用不好的客户，"出纳不在"往往是一个借口，如果销售人员能够准确判断出来，就不妨直接揭穿他，揭穿的同时别忘记给他一个台阶下，客户也可能因为感激你直接就付款了。

情景196　资金紧张

销售人员：张总，您看马上到月底了，麻烦您安排一下，将上批货的货款结了吧，总共是××万元。

客户：这么多啊，资金有点紧张啊。

销售人员：张总，您也说资金紧张啊，贵公司的实力谁不知道啊，您别开玩笑了。

客户：不瞒你说，最近周转出了点问题，你们宽限几天吧，过几天给你们结。

销售人员：真是这样啊，那太不幸了，不过我们是小公司，这笔钱对我们来说数目可不小，耽误不起啊，这样吧，我去跟我们总经理汇报下情况，完了再给您打电话过来吧，好吗？

客户：好的，再见。

（挂了电话后迅速去作调查，了解该客户最近的财力状况以及是否有重大事件发生，然后再打电话给客户。）

销售人员：张总，您好，我跟我们总经理汇报过了，他也很着急，我们还急等着用这笔钱呢！张总，我们合同上的结款日期白纸黑字的写得很清楚，现在您不应该突然告诉我资金紧张吧！不管怎样，您都得给我们想办法。

客户：真的没有办法可想了，不然我还非欠着你们那点钱干嘛，过几天等资金跟上了马上给你们结。

销售人员：那这样吧，张总，您给我一个准确的日子，在这段困难时期我们得想个对策过日子啊。

客户：挺不好意思的，就一个星期吧，下星期三之前肯定给你们结账。

销售人员：那好吧！张总，我现在给您发过来一份还款计划确认函，您写上还款日期、签个字，再给我传过来，好吗？

客户：好的。

沟通技巧

★当客户哭穷，说“资金紧张”的时候，的确让人头疼，但作为销售人员，只能站在本公司的立场上，给客户施加压力。

★常用的对策如下。

1.“听到这个消息我们很遗憾，但贵方以前总是能够正常付款，能告诉我此次出了什么差错吗？”

2. 向客户其他供应商以及员工了解是否确有其事。
3. 如果真的是资金周转有问题，要搞清楚是一时周转问题还是经营出现危机。对有信誉，只是一时周转不灵的客户，应当给予延期，并尽可能帮他出谋划策，联系业务，以诚心和服务打动客户。
4. 对信誉不佳、故意以此为借口不付款的客户和经营的确面临危机的客户，要加紧催收，了解他的上下级单位（可否追索）和固定资产（可否实物抵债）。
5. 不管怎样，要告诉客户，公司给他赊销是对他还款能力的信任，客户的“手头紧”只是他的客观条件，不是拒付款的理由——这个理由你没法向公司交代。
6. 要求客户写下分期付款计划。

情景 197　还没到付款时间

销售人员：王经理，您的回款跟不上发货啊，您看这个事情该怎么办？

客户：没办法，我们都是90天后付款。

销售人员：我们第三批的货都发了，现在第一批货款还没有收到啊，这样下去我们的资金链会断的。

客户：这个我也帮不了你，你知道这是我们的政策。

……

沟通技巧

★这个借口多来自于信誉度较高，但有自己的付款周期的大客户（大型终端商场等）。对于这类客户，销售人员必须尽可能地与关键人物搞好关系，以期在对方的付款计划中挤上“头班车”。

★另外，要充分了解客户付款时自己需要提供的文件（发票及其他凭证等），提前做好准备。否则，对方会以这个借口一拖再拖。

情景 198　这事我不管，你找别人吧

销售人员：张总，我是××公司的××，贵公司上次从我们公司采购了一批××，

到现在还没结款，已经过期十多天了，麻烦您今天安排一下，帮我把款结了吧！

客户：这事我不管，你找别人吧。

销售人员：张总，您是公司总经理，你都不管我还能找谁去？

客户：我真管不了，你和谁签的合同就找谁去吧！

销售人员：张总，您做生意也不是一天两天了，怎么说这样的话呢？我们是和贵公司签的协议，当然找贵公司了，这上面你们的公章总不会有错吧。财务我已经找过了，现在这张单子上就差您一个签字，张总，这事只有您能管得了，您就别为难我了，帮我签个字吧。

客户：好吧……

沟通技巧

★销售人员对客户这种比较直接的赖账行为应该软硬兼施，给他戴“大高帽”的同时用法律武器来威胁他。要让他内心明白“这账是赖不掉的”，同时要给他台阶下。

★销售人员遇到这类问题常用的话术如下。

☆ 我们同事和一些小公司签订的合同都按期回款了，人家听说我收不回来您这国有大型企业的款，都不相信！

☆ 您就别谦虚了！谁都看得出来，在这儿什么事儿都是您说了算！

☆ 这事儿，只有您能解决，别人想管也管不了啊！

☆ 谁不知道您这企业的名气啊！在全市也是数得着的利税大户，我要是和别人说你们老拖着欠款，人家都不相信！其实我知道，您这阵子主要是太忙……

情景 199　互相推诿责任（客户方审批程序复杂）

客户：你的付款申请我已经提交了，还没有审批下来。

销售人员：老总过目了吗？

客户：不知道，我已经交上去了，相关人员正在审核。

销售人员：那相关责任人是谁呢？这笔款我们已经等了很久了，如果付不了不是单单我一个人的问题，而是我们公司之间以后的合作关系问题，我希望您能理解。也希望咱们老总能关注一下这个事情。

……

沟通技巧

★为了防止对方以审批为由拒绝付款，销售人员应该注意以下几点。

1. 事先应该搞清楚客户的付款程序，如哪些人经手，哪个人审批，最后由谁核准。
2. 通过向客户询问，了解到底卡在哪一环，并辨别客户所说是借口还是事实。
3. 事先应该搞清楚客户的付款程序，如哪些人经手，哪个人审批，最后由谁核准。
4. 通过向客户询问，了解到底卡在哪一环，并辨别客户所说是借口还是事实。
5. 如果是借口就应当面揭穿，否则以后每次催款都可能遇到同样的借口。
6. 是事实就跟踪，并督促尽快完成审批流程。

情景200　产品还没销完或销路不好等

销售人员：您好，王经理！我是××公司的××。这点儿钱我已经与您通过多次电话了，我也有我的难处，还是请您想想办法吧！

客户：不是我不给你钱，我的客户还没有给我钱呢，我拿什么给你呀？

销售人员：我们是合作单位，工作上应相互支持，相互理解。但是“亲兄弟，明算账”，这钱迟早总得付吧？我们等了四个多月了。

客户：有人欠你的债，也有人欠我的债，别人不还我的债，我拿什么来还你的钱？现在资金紧张，我们也时常是“等米下锅”，你们催得这么紧，这不是雪上加霜，乘人之危吗？

销售人员：王经理，您这话我就不愿意听了！我们当初确认的合作事宜说得很清楚，你们也是做生意的，怎么能说这样的话呢？欠债是你公司与我公司的事。如果亏了本就可以将债务一笔勾销的话，那你们赚钱时，怎么没与我们分利呢？我们要是乘人之危，早就在法庭上相见了，之所以没这样，不过是想给你们节省一笔诉讼费，做生意赚钱赔本都是有的，您说吧，我们今后还需不需要合作？

客户：哈哈……我只不过和你开个玩笑，你看你还当真了。这样，下午我先付你 50%，这下总可以了吧？

……

沟通技巧

★上述销售人员在与客户的交谈过程中，既有情的感召（我们的难处、对对方的同情），又有理的挟制（对谬论的反驳），还有话的威慑（表明为对方节省诉讼费的言外之意）等，最后成功回款。

★对于信用不好、态度很差的客户，销售人员在与其沟通的过程中，不要被客户的这种表现震慑住，而是应晓之以理、软硬兼施，组织好自己的催款语言并灵活地应用到实际过程中。

Chapter 10

第 10 章

售后服务

作为一名销售人员，如果你认为产品销售出去就万事大吉了或者产品出现问题是维修人员的事，自己没必要再跟客户联系了等，你就大错特错了。这种想法不仅片面，而且短视。因为良好的售后服务对于提升客户满意度，提高客户重复消费次数以及推广企业品牌都非常有效，忠诚的客户关系是通过销售人员在成交后与客户不断联系沟通才逐步确立起来的。由此可见，销售人员在产品销售出去之后，他的工作并没有结束，做好售后服务同样是一个不容忽视的环节。

第 1 节　适时回访客户

成交后，销售人员应选择合适的时间及时回访客户，以加强客户对自己的好印象，减少客户的不满，巩固双方的合作关系，保持更稳定的客户资源以及借助老客户的口碑有效开发新客户等。

1. 增进感情

回访客户的一个重要原因就是加深与客户的感情，以期长久合作。适时的回访，会提高客户的满意度和忠诚度，通常回访客户的形式包括问候客户、满意度调查以及额外关怀等。

情景 201　问候客户

销售人员：刘经理，上次听您说您女儿今年参加高考，考得怎么样啊？

客户：还行吧，就是那个样子，今年的分数普遍都高，这不，我们家长正为报学校的事情发愁呢。

销售人员：是啊，这是大事，要家长多费心才行。

客户：谢谢你了小王。

销售人员：别客气，要是有我能帮忙的事您就说话。

沟通技巧

★一句简单的问候可以拉近与客户的距离，增进双方的友谊和感情。在客户家里或单位有特殊情况需要问候时，销售人员进行问候式的回访，能够增加客户的满意度。

★问候式回访的理由很多，销售人员可以根据实际情况及时给予客户适当问候。

★常用话术如下。

1. 李经理，我是王××，春节到了，祝您节日快乐。

2. 刘主任，最近台风肆虐，你们那边情况怎么样？有没有受到严重影响？

3. 上次听您说您女儿参加高考，考得怎么样啊？

情景 202　跟踪拜访

销售人员：××先生，您好，这里是××汽车服务有限公司，我是××。您上个月在我们这里给您的爱车作过维修，您还记得吗？

客户：记得，你有什么事吗？

销售人员：今天给您打电话主要是做一个跟踪回访。我想了解一下，您的汽车经过我们维修后，这段时间运行状况怎么样呢？

客户：还不错。

销售人员：对我们的服务还满意吗？

客户：还可以吧。

……

沟通技巧

★在产品销售或服务提供以后，对客户的使用情况进行跟踪，适时回访，进行客户满意度调查，让客户时时体验到被关怀，是维护客户关系的最好方法。

★回访客户，不一定只用一种方式，电话、电子邮件、短信、微信等方式均可，销售人员可综合使用。

情景 203　额外关怀

销售人员：您好，刘主任，我是××公司的××。

客户：咳……咳……

销售人员：刘主任您怎么了？感冒了吗？

客户：没什么，一点儿小感冒而已。

销售人员：还说小感冒，您看您都咳嗽成这样了，您看医生了吗？

客户：没事，没大碍！

销售人员：我看您是只顾工作，不管身体呀！这样不行的，我觉得您还是赶紧去看医生吧！

客户：谢谢你的关心，没事的。你打电话有什么事情吗？

销售人员：没有其他事情，主要是有几天没有打电话给您了，想问候您一下，另外我发了一些管理故事到您的邮箱里，与您分享。

客户：谢谢你。

销售人员：别客气！今天我就少和您说话了，一定要注意休息哟！

客户：好的，谢谢！

沟通技巧

★在售后服务中，为客户做一些工作之外的事，提供一些超出客户想像的服务，可能会收到意想不到的效果。

★给客户额外关怀，对销售人员来说并不是难事，只要细心谁都可以做到，例如，平时收集一些小故事、对客户有用的信息、小药方等发给客户，与客户分享，逐步拉近和客户的距离，让自己成为客户一个不可缺少的朋友。

情景 204　联络感情

销售人员：赵总，我是××公司的小郭啊。

客户：哦，你好。

销售人员：赵总，我们公司这周末有一个大客户联谊活动，专门为了感谢您这样的老客户而策划举办的，您有时间来坐坐啊。

客户：哦？多少人去？

销售人员：人不多，都是一些您这样的大公司经理。

客户：这样啊。好的，周末什么时间？

销售人员：周六晚上 7 点，在××酒店二层宴会厅。

沟通技巧

★公司举办联谊会邀请老客户是与客户进一步增进感情的很好机会，销售人员应趁此机会多与客户沟通，以便进一步合作。

★联络感情不应只与业务挂钩，如果业务结束了销售人员和客户就再也不来往未免让人觉得交往的目的性太强。在暂时没有业务来往的时候也要注意加强和客户感情上的联络。

2. 其他情况回访

除了通常的客户关系维护外，另外一些情况下，销售人员也要作必要的回访。例如，网络、杂志的直销模式免去了销售人员和客户面对面地直接沟通，这就要求厂商对客户的满意度进行追踪。

情景 205　核对交易事项

销售人员：陈小姐，您好。我是××网的销售人员，想跟您确认一下订单的执行情况，您现在方便吗？

客户：方便，你说吧。

销售人员：我们在昨天上午就发出了您购买的图书，一共是 25 本，您收到了吗？

客户：已经收到了，谢谢。

销售人员：那您对我们的送货人员满意吗，图书外观有损坏吗？

客户：没问题，我挺满意的。谢谢你打来电话询问。

……

沟通技巧

★交易达成后，销售人员应及时通过电话等方式对交易的执行情况进行监控、核对，这是负责任的表现，也会让客户感受到你的关心以及对他的重视。

★核对交易事项，可核对客户所购货物有没有及时到达，包装是否完好，客户对产品是否满意等。

情景 206　引导新的需求

销售人员：您好，请问这是××先生的家吗？

客户：你好，你是哪位？

销售人员：我是××汽车公司的销售人员××。

客户：你好，找我有什么事情吗？

销售人员：××先生，您前阵子在我们这里买了一辆××牌子的汽车，对吧？

客户：是的。

销售人员：怎么样，您的新车用起来还满意吧？

客户：挺不错的。

销售人员：那就太好了，××先生，我们公司最近做促销活动，现在推出了一些非常精美的汽车内饰，价格又特别实惠，尤其是对您这样的贵宾客户还会有特别的优惠。

客户：哦。

销售人员：欢迎您有时间过来看看吧，具体活动时间是从本月 8 日开始到 18 日截止，您可千万别错过呀！

客户：好的。

沟通技巧

★交易达成后，销售人员可根据客户资料记录进行适时回访，这不但能提高客户的满意度和忠诚度，还可引导客户的新需求，促进关联产品的销售（尤其是在这种关联产品搞促销活动期间）。

★值得注意的是，以此目的进行客户回访时，频率不要太高，可偶尔为之，让客户真切感到你是替他着想。否则，可能会导致客户厌烦，那样就适得其反了。

第 2 节　应对客户的咨询、投诉和抱怨

1. 解决客户问题

产品销售出去后，客户在使用产品时必然会出现各种问题，而他们首先想到的就是卖给他们产品的销售人员。遇到这种情况，销售人员应将其当做机会来把握，积极主动地帮助客户解决问题，这样更能赢得客户的心。

情景 207　客户对服务的咨询

销售人员：您好，××公司，请问有什么能够帮到您的？

客户：你好，我找销售人员李明。

销售人员：我就是，您是哪位？

客户：我是××，两个月前从你那买的电脑，你还记得吧？

销售人员：您好！当然记得，我还想有时间去拜访您呢。您今天打电话有什么事情吗？

客户：我想咨询一下“超频”是怎么回事？不知道我的电脑能超频吗？

销售人员：哦，是这样的，严格意义上的超频是一个广泛的概念，它是指任何提高计算机某一部件工作频率，使之在非标准频率下工作从而提高该部件工作性能的行为，包括CPU超频、主板超频、内存超频、显卡超频和硬盘超频等很多种。通常所说的“超频”指的是CPU超频或显卡超频，因为这能更明显地提高计算机性能，所以应用较多。您明白我的意思了吗？

客户：好复杂啊，我的电脑是在你们公司买的，你们能免费帮我超频吗？

销售人员：对不起，因为超频的风险比较大，有可能导致电脑工作不稳定甚至硬件损坏，因此我们公司不容许我们为客户提供超频服务。超频确实是一个相对较专业化的工作，建议您在了解了更多这方面的知识之后再尝试去做，或者请专业人士帮您超频。

客户：好吧，谢谢你。

销售人员：不客气，祝您愉快，再见！

客户：再见！

沟通技巧

★客户购买产品后，有时候会提出一些特殊要求，如上例中，客户要求对电脑进行“超频”操作，针对此类情况，销售人员应尽量设法满足客户，不要推辞。

★在一些特殊的情况下，销售人员也要学会“拒绝”客户，对于对客户没有好处的客户需求，要用自己的专业知识向客户解释清楚，提高客户对你的信赖感。

情景208　应对产品使用中的问题咨询

销售人员：您好，这里是××公司，请问您是哪位？有什么可以帮助您的？

客户：我是××，你是魏×吧。我上周从你那买过电脑的，现在我的电脑无法开机了。

销售人员：哦，我记得您。您不要着急，问题是可以解决的，首先麻烦您告诉我您的电脑编号。

客户：电脑编号是什么？在哪里？

销售人员：请将您的电脑翻过来，右下角有一个十几位的数字，您读给我听就行了。

客户：哦，我看到了，是……

销售人员：好的，我找到了您的资料。×先生，麻烦您按我的提示，一步一步进行操作。

客户：我对电脑维修一窍不通哦，我不知道怎么办。

销售人员：很简单，您按我的提示操作就可以了，首先请您将电脑电源关掉。

客户：好的，电源已经关掉了。

销售人员：下一步，将电池取出来。

客户：电池怎么取？

销售人员：很简单，将电脑翻过来，看右下角，是不是有一个按钮，将这个按钮用力往右推一下，电池就会松开，然后取出来就可以了。

客户：好的，电池取出来了。

销售人员：好的，现在将电脑放正，用手按住电脑启动开关 20 秒左右。

客户：OK，接下来我该怎么做？

销售人员：好的，现在不要把电池装回去，直接用电脑电源线连接家里任何一个插座，将电脑启动，试试看。

客户：好的。

销售人员：能开机吗？

客户：可以开机了。

销售人员：好了，问题解决了，现在关机，拔掉电源，装回电池再开机试试。

……

客户：可以开机了，我想问一下，这是怎么回事呢？

销售人员：主要是因为您的电脑使用有一段时间了，需要放电。下次遇到同样情况时，您重复刚才的操作就可以了。请问，您还有什么问题吗？

客户：没有问题了，谢谢！

销售人员：别客气，有时间一定去拜访您。

客户：好的，欢迎啊！

销售人员：谢谢，祝您工作愉快！再见！

沟通技巧

★遇有客户询问产品使用问题，销售人员在安抚客户的同时应尽力为客户解决问题，态度要温和、礼貌，表现要专业，要让客户对你有信心，不要说“不知道”“也可能是……”“我也从来没遇到过这种情况”“我们的产品不会有问题”等话语，这会让客户对产品质量和厂商的能力产生怀疑。

★如果销售人员确实遇到了自己解决不了的问题，可以直接对客户说“我们售后服务部的同事在这方面特别专业，我帮您转接售后服务部，好吧”，或“我请专家为你解答这个问题”，等等，让客户获得专业的指导。

★为了达到更好的效果，在解决客户问题之后销售人员可以给客户提一些使用方面的建议，以避免日后再因为操作等原因出现同样的错误，这也会给客户留下一个负责任的好印象。

2. 应对客户抱怨

当产品或服务没有满足客户的期望时，客户就会产生抱怨。抱怨并不可怕，只要销售人员以良好的服务态度沉着应对，给客户适当的安抚，抱怨很容易就会消除。反之，如果对客户抱怨置之不理，则会对品牌、产品及销售人员本人造成很不好的影响。

情景209　客户抱怨产品质量

（一家电脑专卖店，有两个销售人员，这时进来一位客户。）

客户：我有些问题需要你们处理一下！

销售人员甲：有什么可以帮您的？

客户：我使用你们的笔记本电脑已经快一年了，最近我发现显示器的边框裂开了。你们的电脑是三年保修吧，你看这如何解决？

销售人员甲：您是说显示器边框裂开了？

客户：是的。

销售人员甲：您摔过吗？

客户：我的电脑根本没有摔过，没有撞过，是它自动裂开的。

销售人员甲：那不可能，我们的电脑都是经过检测的，不可能。

客户：但它确实是自动裂开的。

销售人员甲：很对不起，显示器是不在三年保修范围内的，这一点在购买协议上写得很清楚了。

客户：那我的电脑怎么办？

销售人员甲：很抱歉，我帮不了您。

客户：我要投诉！我要投诉！

(这时，销售人员乙走了过来。)

销售人员乙：您好，发生什么事情了？

客户：是这样，我的笔记本电脑使用快一年了，在没碰没摔的情况下，显示器的边框裂了，你的那个同事说没有办法保修，而且态度也不好，你们为什么这样对我？

销售人员乙：哎呀，显示屏的边框裂了！裂到什么程度了，现在能不能用？

客户：裂得倒不是很大，很小，用还是可以用，只是我得用胶布粘它，以防裂得更大。

销售人员乙：哦，那还好！对您来讲，这确实是件麻烦事，我理解您现在的心情，换成我，我也会不满意。

客户：那你说怎么办？

销售人员乙：我很想帮您，只是在计算机行业中，类似显示器的问题，各个企业都不在保修范围内，我想这一点您是理解的，对不对？

客户：其实坦率地讲，我并不是真想让你们保修，我只是希望你们能给我一个说法。没想到他的态度这么不好。

销售人员乙：对于您的不愉快，我感到十分抱歉。只是，请您相信我们，我们永远是站在客户的立场上的。让我想想您的显示器边框裂了如何处理？嗯……我有个建议，边框是塑料的，现在有一些强力胶是可以粘的，所以，您可以试试用胶水粘一下，效果要比用胶布好。

客户：那我回去试试。

销售人员乙：您看还有什么问题？以后如果有什么问题，请您随时过来找我或打电话给我，我会全力为您服务的。这是我的名片。

……

沟通技巧

★针对客户对产品质量的抱怨，销售人员应该做的就是不要被客户的情绪影响，要以平静的心情听完客户的抱怨，弄清事故产生的原因，然后再采取有针对性的解决措施。

★一般情况下，客户对产品质量的抱怨都是些细小的问题，销售人员应对客户表示同情和理解并且安抚客户，平息客户的怒气。

★销售人员还应强调客户遇到的问题是个例，尽量不要让客户对公司的产品或服务质量产生怀疑。

情景 210　客户抱怨服务质量

客户：我家的电冰箱坏了，你们是不是不管了啊？你们公司服务怎么这么差？我昨天就打过电话了，到现在都没人来修。

销售人员：××女士，您好！首先我对维修人员没能及时到场表示诚挚的歉意，希望您能谅解，这主要是因为昨天负责值班的维修人员突然生病了，我也是今天早上才知道的，还未来得及通知您，我保证我们的维修人员在一个小时之内就可以上门为您提供维修服务，不知道您现在方便吗？

客户：那好吧，快点吧，我在家呢。

销售人员：好的，为了对您表示歉意，我们公司将为您送上一份精美的小礼品……再见！

客户：谢谢，再见！

沟通技巧

★当客户对服务质量产生抱怨时，销售人员一定要诚恳地表达歉意，应委婉地向客户说明客观原因，并及时解决客户的问题。

★为了取得客户的谅解，增加客户的好感，销售人员最好能采取补救措施以表达诚意，如赠送小礼物、亲自随维修人员上门拜访等。

情景 211　客户抱怨服务态度

客户：上次那个销售人员，在我没买之前天天来找我，买了之后就找不到人了！

销售人员：是吗？那真是太不应该了！不过我相信您遇上的只是个例，我们公司是很重视服务质量的。

客户：唉！你们都是这样的，光是会说好听话，我可不愿再相信了！

销售人员：我保证给您最优质的服务，这是我的名片，以后有什么问题您就直接找我吧，希望我能弥补您的损失。

客户：看你还挺诚实的，那下次我就瞧瞧你的服务是不是和那人不同。

……

沟通技巧

★当客户抱怨其他销售人员服务态度不好时，销售人员首先应平息客户的怒气与情绪，然后再以自己优质的服务赢得客户的心。

★销售人员服务态度的好坏会直接影响公司的声誉，进而影响公司的发展。作为销售人员，面对客户的抱怨，一定要真诚道歉，同时要用自己的实际行动扭转客户的观点。

3. 处理客户投诉

有客户投诉时，无论什么原因，销售人员都要与之充分沟通，并在沟通过程中表现出责任感，表示自己会积极主动地处理问题，然后要就问题展开调查，分清责任。是己方的问题勇于承担责任，是客户的责任就温和礼貌地向客户解释清楚，千万不要故意拖延，使事态扩大。

解决客户投诉的六个步骤如下。

1. 以真诚的态度仔细倾听客户诉说。
2. 对客户投诉表示感谢，并加以解释。
3. 真心诚意地道歉。
4. 承诺立即处理。
5. 提出解决方案、计划以及解决的时间表。
6. 实施解决方案，给客户适当的补偿，直到客户满意。

情景 212　客户投诉产品

客户：你们的衣服这么贵，怎么买回去后按要求洗还是掉色？

销售人员：哎呀，真是糟糕！不过您别着急，只要是我们的责任，我们一定会负责到底的。您先坐下来休息一下。先生，您这衣服褪色的状况是怎么发生的呢？

客户：我上周买的衣服，第一次洗就掉色……

销售人员：很感谢您把情况告诉我，我会立即向公司报告这个问题，您放心吧，只要是我们的责任，我们公司一定会负责的。您稍等，我马上给您处理。

销售人员（汇报情况后回来）：让您久等啦，先生，刚才我与经理联系了，我们经理同意给您退货或者换货，非常抱歉这么热的天让您跑一趟，真是不好意思！先生，您喜欢什么样的款式呢，我来帮您挑选一下供您参考。

……

沟通技巧

★这位销售人员首先用同理法表示同情，之后开始询问投诉的原因，接着解决问题，很好地平息了客户的怒气，使事情很快得到了解决。

★解决客户对产品投诉的思路如下。

1. 心平气和，化解客户的怒气以期得到更好的沟通效果。
2. 分析问题，分析客户投诉的深层原因和目的分别是什么。
3. 解决问题，是自己的责任就承担下来，是客户的责任就直接告诉他，但态度要好。

情景 213　客户投诉服务态度

客户：你们经理呢！给我叫出来！

经理：先生您好，有什么可以帮您的。

客户：把你们管事的给我叫出来，我告诉你这事没完。

经理：有什么事情您可以跟我讲，我是这里的负责人。

客户：你们那个门口的销售人员什么态度！我多挑选了会儿她就不高兴了，嘴里还嘟嘟囔囔的。怎么买东西还不让我挑啊？我一定要投诉！

经理：哦，您说的那个女孩子是今天刚来上班的，她犯错了是因为我没有培训好，也是我的责任，我替她向您道歉。

客户：不用讲这些没用的！气死我了。

经理：您坐下消消气。小王，给先生端杯水来……先生您消消气，她们年纪还小，您别跟她们一般见识。她们这一站就是一天，腰酸腿疼，还有销售业绩的压力，也挺可怜的。

客户：算了算了，我也懒得跟她一般见识，你让她进来跟我诚心道个歉就行了。

……

沟通技巧

★面对客户的投诉，销售人员说话稍有不慎就会导致投诉升级。所以，保持沉默，静静地听有时反而是非常有用的方法。

★当客户说“叫你的主管出来”时，销售人员应该痛快地说：“这件事由我全权处理，承办人正是我。”如果对方坚持“叫主管出来”或是“叫更高职务的人出来”，你可以说“请您等一下”，然后立刻告诉主管，确定处理对策。

★主管领导出来应对客户的投诉时应该遵循以下步骤：

1. 督促当事人改进服务；
2. 仔细听完客户的陈述，然后向客户保证会加强对当事人的教育，杜绝类似情形的发生；
3. 陪同当事人一起向客户赔礼道歉，争取得到客户的谅解。